Zauber der Berge

Die schönsten Bergwanderungen
in Österreich

Helmut Dumler

Die schönsten Bergwanderungen in Österreich

mit fünf Touren
von Wolfgang Heitzmann

Mit 30 Touren,
61 Abbildungen,
davon 45 in Farbe,
30 Kartenskizzen
und 30 Höhenprofilen

Bruckmann

Einband-Titel:
Der Großglockner in den Hohen Tauern ist mit 3797 Metern der höchste Berg Österreichs.

Einband-Rückseite:
Gesäuseeingang bei Admont in der Steiermark.

Gedruckt auf chlorfrei gebleichtem Umweltpapier

Die Deutsche Bibliothek – CIP-Einheitsaufnahme

Die **schönsten Bergwanderungen in Österreich** : mit 30 Touren / Helmut Dumler. Mit 5 Touren von Wolfgang Heitzmann. – München : Bruckmann, 1993
(Zauber der Berge)
ISBN 3-7654-2620-2
NE: Dumler, Helmut; Heitzmann, Wolfgang

Gesamtherstellung: Bruckmann, München
Druck: Gerber + Bruckmann, München
Printed in Germany
ISBN 3-7654-2620-2

Inhaltsverzeichnis

Bergwandern in Österreich

»Eine sehr große Erleichterung und Bequemlichkeit erwuchs den Alpenreisenden, insbesondere den Hochtouristen, durch die zahlreichen Weg- und Hüttenbauten der alpinen Vereine. Die in das Gebiet der Ostalpen fallenden Arbeiten und Errichtungen dieser Art gehören zu den besten und mustergültigsten in der ganzen Alpenwelt.«

Schon vor hundert Jahren, 1894, kam der gebürtige Innsbrucker Ludwig Purtscheller, Staralpinist seiner Epoche, zu dieser Erkenntnis. Drei Jahrzehnte vorher waren der Österreichische (1862) und der Deutsche Alpenverein (1869) gegründet worden, 1874 erfolgte ihr Schulterschluß. Die Erschließung der Bergwelt setzte im großen Rahmen ein und schuf nahezu alle Grundlagen für unsere Zeit, für Erholungsuchende, Touristen, Bergsteiger.

Bergwandern in Österreich umfaßt sämtliche alpinen Zonen. Es pendelt, verharrt schließlich irgendwo, zwischen den Kalkalpen und den Zentralalpen. Das sind gewissermaßen die Pole, deren spannungsgeladene Kontraste unsere Wünsche und Hoffnungen stets in zitternder Schwingung halten. Fels und Gletscher bilden verständlicherweise die anziehendsten Magnete. Gestein und Eis sind vom Schöpfer mit Glanzlichtern ausgestattet, die sich scheinbar gegenseitig zu übertrumpfen versuchen und es schwermachen, Akzente zu setzen. Jede Gruppe bringt neue, andere Formen ins Spiel, bedingt Szenenwechsel, wodurch eine schier unendliche Vielfalt entsteht.

Berge vom Bodensee bis vor die Tore Wiens! Täler, Hütten, zahllose Pfade und Gipfel, Dreitausender – starke, nachhaltige Erinnerungen. Ob in den Tannheimer Bergen, im Verwall oder Rätikon, in der Silvretta, angesichts der Stubaier und Zillertaler Alpen oder der schroffen Kalkkögel, dem gigantischen Karwendel, dem Wilden Kaiser. Rofan und Lienzer Dolomiten, die Ankogelgruppe und der Dachstein, Hochkönig, Karawan-

ken und Lavanttal, Gesäuse, Hochschwab, Raxalpe – Tupfen der bunt leuchtenden Palette von dreißig Touren, die von Wanderpfaden bis zu hochalpinen Unternehmungen reichen.

Dabei ist sich der Autor selbstverständlich bewußt, daß er eine subjektive Auswahl getroffen hat, aus persönlichem Empfinden, jedoch in der Rückschau auf annähernd vierzig Jahre im Gebirge, und deshalb auch wieder distanziert, vielleicht sogar mit einer gewissen Objektivität. Es galt, Schwerpunkte zu setzen und das Besondere der österreichischen Bergwelt in den Vordergrund zu rücken.

Sämtliche »Leistungsklassen« des gemäßigten Bergsteigens sind angesprochen, gemütliche Wanderer übers Wochenende, Freunde luftiger Klettersteige, erfahrene Gletschergänger. Manche Touren erfordern tagelanges Unterwegssein – der Schönheit und dem Glück auf der Spur!

»Auch ich rede von Rückkehr zur Natur, obwohl es eigentlich nicht ein Zurückgehen, sondern ein Hinaufkommen ist, hinauf in die hohe freie Natürlichkeit.« Diese Nietzsche-Worte sollen auch als Motto dieses Buches gelten.

Helmut Dumler

Der richtige Cimone steht in den Dolomiten und ist über 3000 Meter hoch – Kletterfreuden schenkt aber auch sein kleinerer Bruder im Wienerwald.

Rätikon

Tour 1

Um die Drusenfluh zum Lünersee

Der Rätikon zwischen Montafon und Hochrhein besitzt im Vergleich zu vielen anderen ostalpinen Gebirgsgruppen nicht nur einen einzigen landschaftlichen Höhepunkt, sondern gleich eine ganze Fülle besonders schöner Landschaftsbilder: den Gauertalschluß mit der Lindauer Hütte, die grazilen Drusentürme, das Felsbollwerk Sulzfluh, die Südwandbastion der Drusenfluh, den Lünersee mit der »Königin Schesaplana«, die jeden Bergsteiger herausfordernde Zimba, den prachtvoll gelegenen Partnunsee mit der mauerglatten Scheienfluh; die Talschlüsse des Rätikon gehören zu den ungewöhnlichsten und schönsten der gesamten Alpen. Bei so verschiedenartigen Landschaften fällt es schwer, zu behaupten, dieser oder jener Flecken sei die Krone des Rätikon. Eine solche Auswahl muß jeder Wanderer und Bergsteiger selbst treffen, und er kann »seine« Stellen auch in der Beschreibung wiederfinden, denn unsere Wanderung berührt fast alle Glanzpunkte des Gebirges.

Bemerkenswert ist die außergewöhnlich reiche Flora; Blumenzierde und üppige Pflanzenwelt konnten nur auf den drei vorherrschenden Gesteinen Gneis, Schiefer und Kalk in solcher Vielfalt entstehen, in einem Gebirge, das sowohl die Vorzüge der kristallinen Zentralalpen als auch des reinen Kalkgebirges besitzt. Obwohl der Rätikon geographisch den Zentralalpen zugerechnet wird, macht Kalkgestein den größten Bestandteil aus. Auch der Tierreichtum entspricht dem der nördlichen Kalkalpengebiete; Hirsch, Reh, Auerhahn, Schneehuhn, Adler, Murmeltier, um die bekanntesten zu nennen, sind auch heute noch zu Hause.

Das Rückgrat des Rätikon wird durch seinen 40 Kilometer langen Hauptkamm gebildet. Sämtliche namhaften Erhebungen der Gruppe liegen zwischen 2000 und 3000 Meter, doch keine von ihnen übersteigt die für Ostalpenbegriffe »magische« Dreitausendmeterhöhe. Auf dem Hauptkamm – vom Falknis über dem Rheintal bis zur Madrisagruppe im südlichsten Rätikon – verläuft die Staatsgrenze. Teile des Gebirges gehören zur Schweiz, zu Liechtenstein und zu Österreich beziehungsweise Vorarlberg.

Blick von der Schesaplana zum Lünersee, an dem die Douglasshütte steht. Im Hintergrund Drusen- und Sulzfluh.

Gleich für den Beginn der Wanderung eine persönliche Empfehlung: Nähern Sie sich den Drusentürmen über den *Golmergrat*, nehmen Sie ruhig die Seilbahn von Latschau in Anspruch und schlendern in Gemütsruhe über den Höhenzug zwischen Rellstal und Gauertal zur *Lindauer Hütte*, die von Fritz Moosmann schon jahrzehntelang in bewährter Art geführt wird. Nur einen Steinwurf von der Hütte entfernt ist ein lehrreicher Alpengarten angelegt worden.

Der Aufstieg zum *Drusentor* verführt zum Schauen. Rechts recken sich die Drei Türme zur Höhe, links imponiert die riesige Salzfluh. Nicht umsonst gilt der Rätikon als »Kletterparadies des Westens«. Ein ähnliches Bild vermittelt die Südseite vom Höhenweg Garschinafurka–Schweizertor. Da erheben sich die bis zu 600 Meter hohen Südost-, Süd- und Südwestabstürze der Drusentürme und der Drusenfluh mit ihren rassigen Pfeilern und Wandfluchten. Im Süden erstreckt sich das Prättigau, dahinter als angedeutete Kulisse die Bündner Alpen und die Albulaberge. Nach etwa 1 Stunde auf diesem großartigen Höhenweg erreicht man eine kleine Hütte, von der es rechtshaltend hinaufgeht zum *Schweizertor*. Und schon nach einer weiteren halben Stunde sind wir im *Verajoch*. Neue Eindrücke stürmen auf uns ein: Im Westen steht der höchste Rätikongipfel, die gewaltige Schesaplana, von der sich rechts der Seegrat, links der Kanzelgrat senkt. Beim Abstieg verschwindet im Rückblick die Drusenfluh; links begleiten uns die Kirchlispitzen-Nordwände.

Jetzt sind wir im *Naturschutzgebiet Lünersee*. Der See selbst, das »blaugrüne Juwel der Rätikonberge«, an dessen Westufer die Tour verläuft, ist zwar angestaut, stammt aber in seinem Urzustand aus der Eiszeit.

Von der *Douglasshütte* liegt der Abstieg ins Brandnertal nahe. Sie werden es aber nicht bereuen, wenn Sie noch etliche Stunden dranhängen und über den *Saulasteig* zur *Heinrich-Hueter-Hütte* wandern. Dort sind wir im Bannkreis der Zimba, dem Wahrzeichen des Montafon. Der Berg zeigt uns seine eindrucksvolle Südseite: rechts den Ostgrat, links den Westgrat, der im Zimbajoch fußt; dieses Joch vermittelt einen Übergang zur Sarotlahütte. Beim Zugang ins *Zimbajoch* ist eine steile Schrofenwand mit Eisenklammern und Drahtseilen zugänglich gemacht. Vom Joch bietet sich begeisterten Kletterern der Zimba-Westgrat (Schwierigkeitsgrad II) an, für dessen Begehung 4 Stunden eingeplant werden

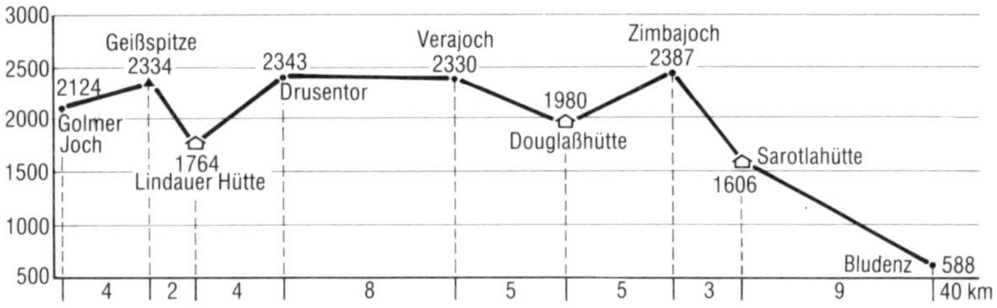

müssen. Wanderer verzichten darauf und steigen im Geröll, weiter unten über eine Felsstufe (Eisenleiter), ab zur *Sarotlahütte* auf der Nordseite der hornartigen Zimba. Abschließend bummelt man hinaus ins Brandnertal, wo regelmäßige Postbusse verkehren.

Touristische Angaben

Zwei- bis Dreitagewanderung; Trittsicherheit und Schwindelfreiheit erforderlich, stellenweise versicherte Passagen. Im Frühsommer sind auf dem Saulasteig und im Abstieg

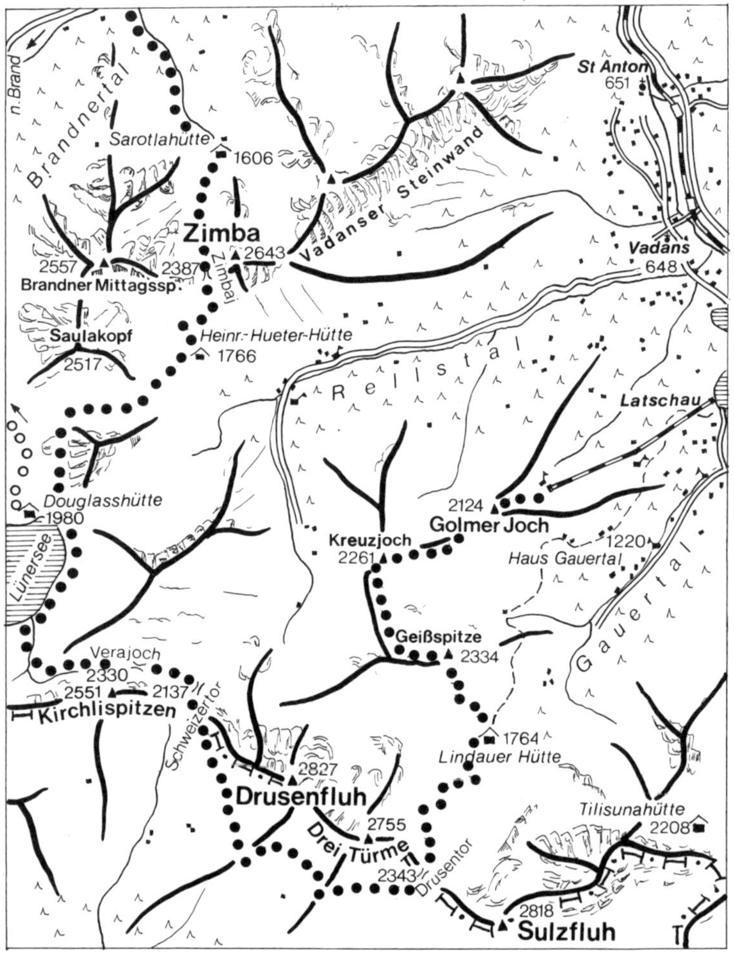

Zimbajoch–Sarotlahütte meist gefährliche Altschneereste vorhanden. Übernachtungen am besten in der Lindauer Hütte und in der Douglasshütte.

Zu bewältigende Steigung (ab Tschagguns): etwa 2650 Meter.

Günstigste Jahreszeit: Ende Juni bis Ende September.

Talorte: *Tschagguns* (680 m), im Montafon, 11,5 Kilometer von Bludenz, Einfallspforte des Osträtikon. Bahnstation, gute Busverbindungen. Hotels, Gasthöfe, Pensionen, Ferienwohnungen, Zeltplatz. Schwimmbad. Seilbahn (Latschau) zum Golmergrat.

Brand (1935 m), Höhenkurort im gleichnamigen Tal im Herzen des Rätikon nördlich der Schesaplana. Busverbindung mit Bludenz. Hotels, Gasthöfe, Pensionen in verschiedenen Kategorien. Schwimmbad.

Unterkünfte: *Haus Gauertal* (1220 m), Naturfreunde, im Gauertal etwa 1½ Stunden von Tschagguns, 50 Minuten von Latschau. Betten und Lager. Ausweichquartier bei Überbelegung der Lindauer Hütte (vorher anrufen! Tel. 05556/3109).

Lindauer Hütte (1764 m), Deutscher Alpenverein, in einzigartiger landschaftlicher Lage im hinteren Gauertal. Betten und Lager, Winterraum offen. Von Latschau (oberhalb Tschagguns) etwa 2½ Stunden.

Douglasshütte (1980 m), Österreichischer Alpenverein, am Nordrand des Lünersees. Betten und Lager, Winterraum. Bergstation der Lünerseebahn, von der Talstation (Straße von Brand) zu Fuß etwa 1 Stunde, von Brand 3 Stunden. Von der Lindauer Hütte (über Schweizertor) 4–5 Stunden.

Heinrich-Hueter-Hütte (1766 m), Österreichischer Alpenverein, am Südfuß des Zimba im obersten Rellstal. Betten und Lager. Von der Douglasshütte etwa 2¼ Stunden, von Vandans 3½, vom Alpengasthof Rellstal (Betten) ¾ Stunden.

Sarotlahütte (1606 m), Österreichischer Alpenverein, im oberen Sarotlatal. Betten und Lager. Von der Heinrich-Hueter-Hütte etwa 3 Stunden, von Brand 1½ Stunden.

Wandern auf der Südseite der Drusentürme bzw. der Drusenfluh. Im Vordergrund rechts der Kleine Drusenturm.

Silvretta

Tour 2

Wiesbadener Hütte – Jamtalhütte – Heidelberger Hütte

Der Name Silvretta gilt für das österreichisch-schweizerische Grenzgebiet zwischen Schlappinerjoch, Fimberpaß, Zeinisjoch und Flüelapaß. Die Silvretta ist ein Teil der Nordrätischen Alpen, zu denen außerdem noch Verwall, Rätikon und Samnaun gehören. In ihr fehlen die reinen Firnberge, sie ist eher eine »kombinierte« Berglandschaft, das heißt eine ausgewogene Verbindung von Fels- und Gletschergebirge, was ihr von Walther Flaig die Bezeichnung »Modellgebirge« eingebracht hat.

Im alpinen Bereich der Silvretta existieren keine Ortschaften; sie wird lediglich an ihren Rändern besiedelt. Wahrscheinlich gibt es deshalb noch keine Seilbahnen im zentralen Berggebiet. Die Täler Paznaun und Montafon reichen weit in die Silvrettagruppe hinein und schaffen damit günstige Aufstiegsmöglichkeiten zum Hauptkamm und dessen Nordkämmen. Zudem bildet der herrlich gelegene Silvretta-Stausee eine über 2000 Meter hoch gelegene Basis, die Silvretta von Norden her zu erwandern. Da auch die vortrefflichen Stützpunkte Wiesbadener Hütte, Jamtalhütte und Heidelberger Hütte auf der Nordseite stehen, gehen die meisten Wanderer und Bergsteiger die Silvretta von Norden an.

Wie so viele verkehrstechnisch günstig gelegene Hütten sind auch die drei genannten häufig schon eher »Berggasthöfe« als alpine Schutzhütten. Jede hat ihren speziellen »Hausberg«: die »Wiesbadener« den Piz Buin und die schwierigere Dreiländerspitze, die »Jam« ebenfalls die Dreiländerspitze und das Südliche Fluchthorn, die »Heidelberger« wieder das Fluchthorn (über den Südostgrat).

Auf dem ebenen Ostuferweg des *Silvrettasees* herrscht zeitweise ein Verkehr wie in der Fußgängerzone einer Kleinstadt. Durch die nahen Gaststätten auf der Bielerhöhe, die Parkplätze und Bushaltestellen hat sich der Einzugsbereich der Massen sogar hinauf zur *Wiesbadener Hütte* ausgedehnt. Sie gleicht bis zum späten Nachmittag einer gutbesuchten Ausflugsgaststätte. Erst danach sind die Bergsteiger wieder unter sich.

Früher Aufbruch! Zur Heidelberger Hütte sind es mindestens 8 Stunden. Und wenn man dabei zu lange in der Hitze geht, wird es eine elende Plackerei, vor allem beim letzten Aufstieg von der Jamtalhütte in das Zahnjoch.

Zuerst müssen wir aber in die *Obere Ochsenscharte*. Knapp eine Stunde nach der Wiesbadener Hütte wird der harmlose *Vermunt-Gletscher* betreten. Ein Trampelpfad leitet im Firn hinauf zur Scharte, von der sich rechts die Dreiländerspitze aufschwingt. Auf ihren Gipfel ist es von der Scharte nur noch etwa 1 Stunde, aber man muß stellenweise klettern (I–II).

Jenseits der Oberen Ochsenscharte erstreckt sich der *Jamtalferner*. Dort besteht Spaltengefahr. Man tut gut daran, angeseilt zu gehen; bei starker Ausaperung des Gletschers sind Steigeisen eine spürbare Erleichterung. Weiter unten führt dann ein rotmarkierter Alpenvereinssteig durch Geröll und über karge Wiesenböden zur *Jamtalhütte*, dem ältesten Schutzhaus in dem Gebiet. Die Alpenvereinssektion Schwaben hatte damals, 1882, die Hütte im anspruchsvollsten hochalpinen Tourenbereich der gesamten Silvretta erbaut; heute ist sie die modernste Schutzhütte des Gebirges.

Es folgt nun die letzte große Anstrengung der Tour. Knappe 800 Höhenmeter müssen geschafft werden, um das Zahnjoch zu erreichen. Unterwegs fällt der Blick links in die Weilenmann-Rinne, durch welche die am wenigsten schwierige Route zum Gipfel des Südlichen Fluchthornes führt.

Im *Zahnjoch* sind wir unmittelbar auf der Grenze zwischen Tirol und Graubünden beziehungsweise zwischen Österreich und der Schweiz. Auf der anderen Seite, beim Abstieg, verlieren sich die Gletscherreste des *Vadrett da Fenga*. Unten leiten dann Markierungsstangen durch grobes Blockwerk. Wir erreichen das Fimbertal, das rätoromanische Val Fenga, und damit bereits die Ostsilvretta. Die *Heidelberger Hütte* im Fimbertal ist die einzige DAV-Hütte auf schweizerischem Boden; das Gebiet um die Hütte gilt als vielseitigste Skitouren-Arena der Silvretta.

Wer frühzeitig dran ist, kann an diesem Tag ohne weiteres noch nach Ischgl hinauswandern, ansonsten verbringen wir die Nacht in der im Bannkreis der hochaufragenden Fluchthörner gelegenen Hütte.

Südlich der Wiesbadener Hütte erhebt sich mit dem Piz Buin (Bildmitte) einer der höchsten und meistbestiegenen Gipfel der Silvretta, gleichzeitig österreichisch-schweizerische Staatsgrenze und deutsch-rätoromanische Sprachgrenze.

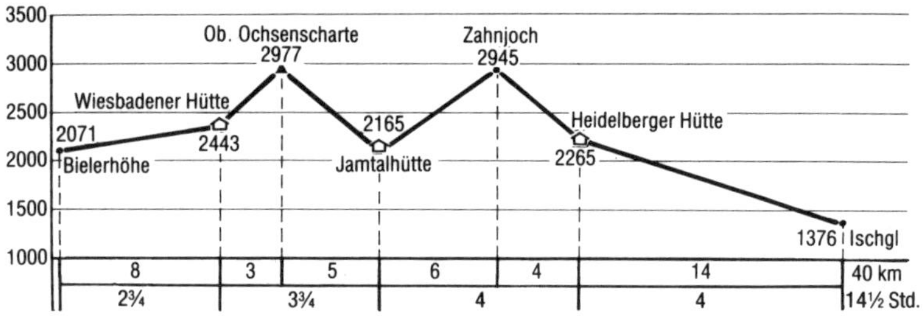

Touristische Angaben

Hochalpine Wanderung; Seil, Eispickel, Steigeisen. Zweitagetour. Übernachtung: Wiesbadener Hütte (und wenn erforderlich Heidelberger Hütte). Bei Besteigung der Dreiländerspitze muß auf alle Fälle in der Heidelberger Hütte genächtigt werden. Wer außerdem auch noch das Südliche Fluchthorn erklimmt, übernachtet am besten in der Jamtalhütte.

Zu bewältigende Steigung: etwa 1800 Meter (ab Silvretta-Stausee).

Günstigste Jahreszeit: Anfang Juli bis Ende September.

Talorte: *Ischgl* (1376 m), Einfallstor in die östliche Silvretta, Sommerfrische und Wintersportplatz, 30 Kilometer von Landeck (nächster Bahnhof) im Paznaun an der Mündung des Fimbertales, Postbusverbindungen. Hotels, Gasthöfe, Pensionen.

Bielerhöhe (2071 m), Hotelsiedlung am Silvretta-Stausee bzw. an der Silvretta-Hochalpenstraße (B 188) zwischen Partenen im Montafon und Galtür im Paznauntal. Hotels, Gaststätten, Hütten. Großer Parkplatz am Nordende der Staumauer. Regelmäßige Postbusverbindungen zwischen Partenen und Galtür (mit Anschlüssen an die Züge in Schruns beziehungsweise Bludenz und Landeck).

Unterkünfte: *Madlener Haus* (1986 m), Deutscher Alpenverein, westlich unter der Staumauer des Silvrettasees. Betten und Lager. Parkplätze unweit der Hütte.

Wiesbadener Hütte (2443 m), Deutscher Alpenverein, auf einer Hangstufe über dem hinteren Ochsentalgrund. Betten und Lager, Winterraum (offen). Von der Bielerhöhe etwa 2½ Stunden.

Jamtalhütte (2165 m), Deutscher Alpenverein, oberhalb des Jamtalgrundes. Betten und Lager, Winterraum. Von Galtür ca. 3½, ab Wiesbadener Hütte ca. 3¾ Stunden.

Heidelberger Hütte (2265 m), Deutscher Alpenverein, im oberen Fimbertal. Betten und Lager, Winterraum (offen). Von der Jamtalhütte etwa 4 Stunden, vom Boden-Alpenhaus etwa 2½ Stunden.

Boden-Alpenhaus (1842 m), privat, auf herrlichem Wiesenplan im Fimbertal, 5,5 Kilometer von Ischgl, Fahrsträßchen. Betten und Lager.

Beim Aufstieg von der Jamtalhütte ins Zahnjoch erfüllt das Südliche Fluchthorn das Blickfeld: höchste Spitze des dreigipfeligen Massivs, das hauptsächlich aus dunklen Hornblendegesteinen, durchsetzt von Paragneisen, besteht.

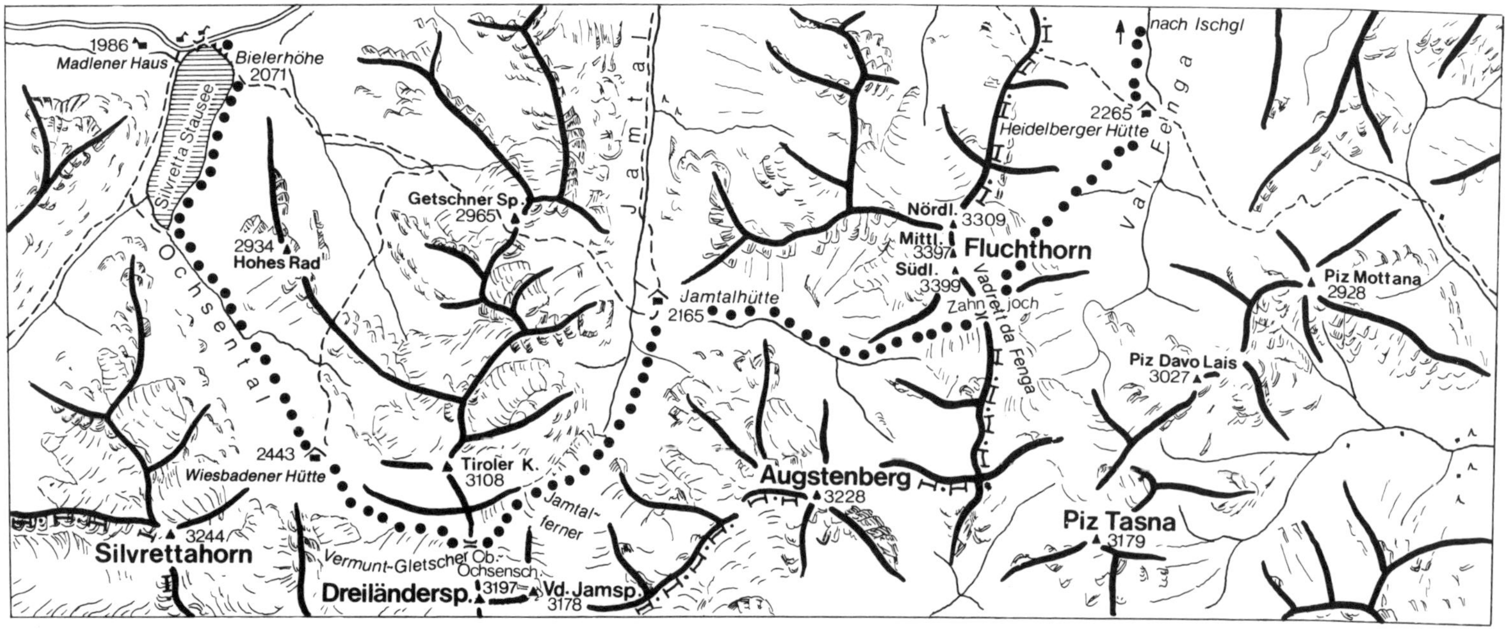

Verwall

Tour 3

Über dem Paznauntal

Während sich im Winter auf den Pisten der Idalpe und am Arlberg Tausende von Skiläufern vergnügen, ist es in dem dazwischenliegenden Verwall menschenleer, und es herrscht lautlose Stille. Dunkle Felsrecken bäumen sich dort auf, dazwischen liegen Hochtäler mit schwarzen Fichtenwäldern, schneebeladen. Obwohl das Verwall nur einen Katzensprung von den großen Skizentren entfernt ist, stellt es zur Winterszeit ein ziemlich menschenfeindliches Gebiet dar.

Aber selbst in den Sommermonaten kann es nicht als überlaufen angesehen werden. Es ist hier ruhiger und einsamer geblieben als beispielsweise in der benachbarten Silvretta; wahrscheinlich deshalb, weil dem Verwall der große Glanz der Gletscher fehlt. Die landschaftlichen Szenerien wirken streng: die Talböden sind dicht mit Geröll bedeckt; über ihnen erheben sich schattige, von Eisrinnen durchzogene Steilflanken und wildgezackte Gipfelkämme. An manchen Stellen herrscht eine geradezu bedrückend düstere landschaftliche Stimmung, die ein Gefühl von Schwermut im Wanderer aufkommen lassen kann. Doch sind es gerade diese düstere, herbe Schönheit und Wildheit, die die besondere Großartigkeit und Faszinationskraft dieses Gebirges ausmachen.

Wie in der Silvretta sind auch im Verwall Gneise und Hornblendegesteine bestimmend. Für den geologischen Laien seien nachstehend die augenfälligen Unterscheidungsmerkmale dieser Gesteinsarten kurz zusammengefaßt: Gneisberge haben hellere Farben und weniger ausgeprägte Formen als Gipfel aus Hornblende, die dunkel sind und fast ausnahmslos kühn geformt.

Im Grunde genommen ist das Verwall nichts anderes als eine Fortsetzung der Silvrettagruppe in Form eines weiten Dreiecks zwischen Arlberg, Paznaun und Montafon. Die Rosanna, ein berühmter Wildwasserbach, teilt das Gebiet in eine westliche und eine östliche Gruppe.

Unser Augenmerk gilt dem östlichen Teil des Verwall mit den höchsten Erhebungen: dem eindrucksvollen Patteriol, der Kuchenspitze und dem Hohen Riffler. Dieses östliche Gebiet breitet sich langgestreckt zwischen Verwall- und Paznauntal aus und wird von einer Reihe ideal angelegter Höhenwege durchzogen, die mit zu den großzügigsten und schönsten Österreichs gehören. Wir wollen aus dieser Fülle von Möglichkeiten zwei Wanderwege auswählen, die dieser vielseitigen herben Landschaft gerecht werden und deren Begehung keine verkehrsmäßigen Probleme mit sich bringt: den Ludwig-Dürr-Weg und den Hoppe-Seyler-Weg. Bei beiden Wanderungen liegen der Ausgangs- und der Endpunkt im Paznauntal, in dem regelmäßig Buslinien verkehren. Jeder der genannten Höhenwege füllt einen Bergtag aus.

Die *Friedrichshafener Hütte* sollte man auf keinen Fall verlassen, ohne den Silvrettabergen einen letzten Blick zu schenken. Eine Tafel zeigt zur Darmstädter Hütte. Wir machen uns auf den *Ludwig-Dürr-Weg*. An zwei kleinen Seen vorbei wird über die grasigen, von Felsbrocken übersäten Böden der Mutten-Alpe angestiegen. Die Route bleibt auf der Ostseite des Kammes. Nach etwa 2 Stunden dürfen wir uns den fünfminütigen Abstecher links hoch zum Kamm nicht entgehen lassen, denn die Höhe erlaubt einen herrlichen Blick über das Fasultal hinweg zum Patteriol.

Beim folgenden Abstieg wird der *Madleinferner* betreten, und einige Zeit später, nach der Überschreitung des *Rautejoches*, der *Küchelferner*, auf dem, jahreszeitlich ganz verschieden, Spalten beziehungsweise Randklüfte zur Vorsicht mahnen. Dann, bei der *Darmstädter Hütte*, erwartet uns eine der großen Überraschungen des Verwalls: der Blick fällt auf ein überwältigendes Halbrund markanter Berggestalten. Im Norden ragt die gewaltige Faselfadspitze auf; westlich hängen hoch über der Hütte vom Steinschlag durchfurchte Wandgletscher in den Abbrüchen der Kuchenspitze, des höchsten Verwallgipfels. Auf diesen Berg gibt es keinen unschwierigen Weg. Schon der leichteste Anstieg (von der Konstanzer Hütte durch die Südwestwand) wird mit Schwierigkeitsgrad II bewertet. Der beliebteste Aufstieg von der Darmstädter Hütte hält sich an den Ostgrat und gilt als eindrucksvolle Felsfahrt, setzt aber die Beherrschung des III. Schwierigkeitsgrades voraus.

Im Osten der Hütte steht der doppelgipfelige Seekopf. In

Vom Kieler Weg bietet sich ein schöner Blick auf die idyllisch gelegene Seßladalm.

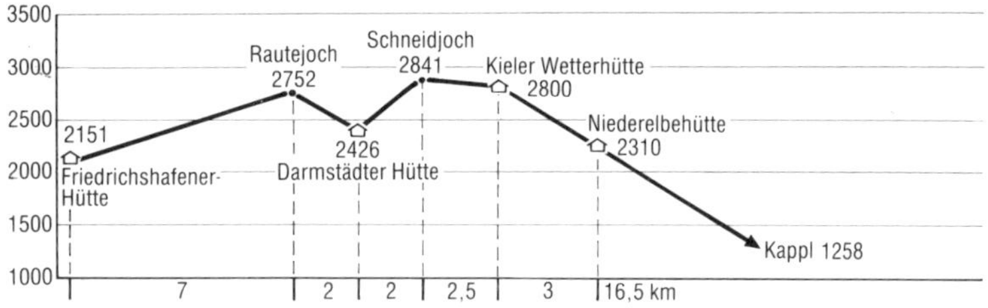

diese Richtung hält sich der *Hoppe-Seyler-Weg*, der uns in Windungen in das *Schneidjoch* hochführt. Von dort noch einmal der schöne Blick zurück zur Kuchen- und Küchelspitze, dann geht es hinunter ins *Vergrößkar*, wo an heißen Tagen eine Quelle köstliche Erfrischung spendet.

In der *Östlichen Fatlarscharte* angekommen, müssen wir uns entscheiden: Entweder wir lassen den Rucksack in der kleinen *Kieler Wetterhütte* und ersteigen in etwa 1 Stunde die Fatlarspitze (Schwierigkeitsgrad I–II), oder wir setzen die Tour fort. Zeitlich gesehen würde dieser Abstecher ohne weiteres in unser Tagesprogramm passen, denn für den Übergang von der Darmstädter Hütte zur Niederelbehütte rechnet man mit 5 bis 6 Stunden. In der Fatlarscharte liegt etwa die Hälfte des Weges hinter uns.

Auf der zweiten Tagesetappe lassen wir uns Zeit. Die größten Höhenunterschiede sind überwunden. Jetzt geht es im großen und ganzen nur noch bergab; der Aufstieg aus dem Fatlar ins Gesßgratjoch fällt, verglichen mit den zurückliegenden Anstrengungen, kaum noch ins Gewicht.

Bei der *Niederelbehütte* würden wir am liebsten bleiben.

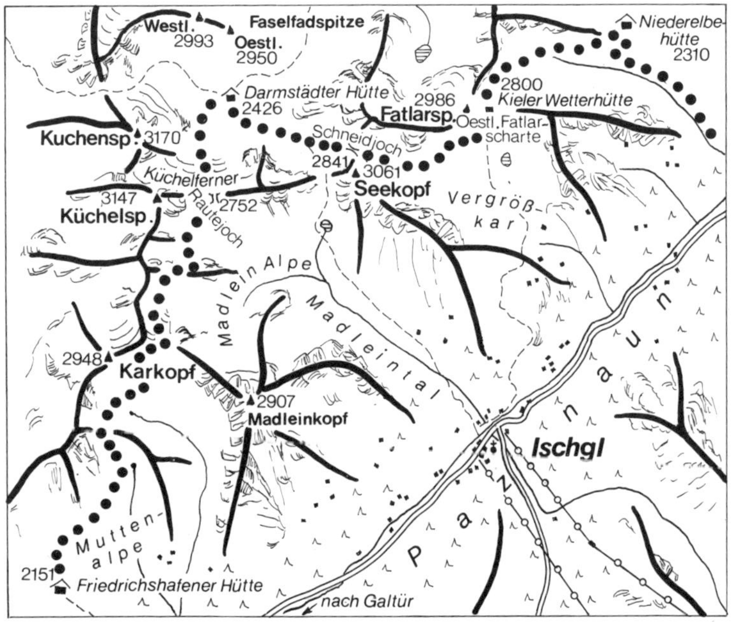

Hier könnte man einen ganzen Tag mit Nichtstun wie im Fluge verbringen, sich an einem der kleinen Seen bei der Hütte lagern, im Gras liegen und den Wolken nachschauen, träumen – weitab vom Lärm der Täler.

Manchen lockt auch der Weiterweg über den Kieler Weg und den Riffler-Weg in etwa 4½ Stunden zur Edmund-Graf-Hütte im Bannkreis des Hohen Rifflers. Das ist zweifellos ein verführerisches Angebot, dem aber der lange Rückweg ins Paznaun entgegensteht.

Touristische Angaben

Hochalpine Wanderung; Steigeisen, Pickel (eventuell auch Seil). Zweieinhalb- bis Dreitagetour. Übernachtungen: Friedrichshafener Hütte, Darmstädter Hütte und (wenn erforderlich) Niederelbehütte.
Zu bewältigende Steigung (ab Mathon): etwa 2100 Meter.
Günstigste Jahreszeit: Ende Juli bis Ende September.
Talorte: *Mathon* (1454 m), im Paznaun in der Mitte (5 km) zwischen Ischgl und Galtür, 35 Kilometer von Landeck (nächster Bahnhof), Postbus-Verb., Gasthöfe, Pensionen.
Kappl (1258 m), terrassenartig im Talhang des Paznaun ansteigendes Kirchdorf, 21 Kilometer von Landeck (nächster Bahnhof), Postbus-Verbindungen. Gasthöfe, Pensionen.
Unterkünfte: *Friedrichshafener Hütte* (2151 m), Deutscher Alpenverein, südlich des Schafbüchljoches auf der Mutten-Alpe, Betten und Lager, Winterraum (AV-Schlüssel). Von Mathon etwa 2¾ Stunden.
Darmstädter Hütte (2426 m), Deutscher Alpenverein, im obersten Moostal. Betten und Lager, Winterraum (AV-Schlüssel). Von der Friedrichshafener Hütte 5–6 Stunden, von St. Anton (Arlberg) etwa 4 Stunden.
Kieler Wetterhütte (2800 m), Deutscher Alpenverein, ständig offene Unterstandshütte in der Östlichen Fatlarscharte am Hoppe-Seyler-Weg. 4 Notlager.
Niederelbehütte (2310 m), Deutscher Alpenverein, in malerischer Lage unweit der Seßseen. Betten und Lager, Winterraum (offen). Von Kappl 3 Stunden, von der Darmstädter Hütte etwa 5½ Stunden.

Die Seeköpfe vom Weg zum Kuchenjoch. Im Kessel dazwischen liegt die Darmstädter Hütte.

Lechtaler Alpen

Tour 4

Augsburger Höhenweg

Wußten Sie schon, daß sich zwischen Flexenpaß und Loisach fast 500 Zweitausender erheben? Ein Tourenbereich also, wie man ihn sich weitläufiger kaum vorstellen kann. Und in der Tat: Die Lechtaler Alpen, wie dieses Gebiet heißt, sind die umfangreichste Gebirgsgruppe der Nördlichen Kalkalpen; außerdem stellen sie mit 60 Kilometer den längsten geschlossenen Gebirgszug im nordalpinen Raum dar. Knapp 1000 Quadratkilometer umfaßt ihr Alpenabschnitt; davon liegt der überwiegende Teil auf Tiroler Boden. Dieses Bergrevier zwischen dem Lechtal im Norden und dem Inn- und Stanzer Tal im Süden, zwischen dem Fernpaß (zwischen Lermoos und Imst) im Osten sowie dem Zürser Bach mit den Skiparadiesen Lech und Zürs im Westen, ist mit Ausnahme der westlichen Randgebiete noch keineswegs von Touristen heimgesucht und einsam geblieben bis heute.

Durch den vielfältigen geologischen Aufbau der Berge ist dort eine reiche, seltene Pflanzenwelt zu bewundern.

Zugegeben, den Lechtaler Alpen fehlen großartige Berggestalten. Sie besitzen aber mit der Parseierspitze (3040 m) den einzigen Dreitausender der Nördlichen Kalkalpen; außerdem ist der Dawinkopf der dritthöchste Gipfel der Nördlichen Kalkalpen. Damit sind wir auch schon im zentralen Teil, in der Parseiergruppe, in welcher ein großer Teil des Augsburger Höhenweges, dem wir folgen werden, verläuft. Hier drängen sich auf verhältnismäßig begrenztem Terrain insgesamt 44 Gipfel über der Zweitausendmeter-Grenze. Das ergibt immerhin eine Durchschnittsgipfelhöhe von 2748 Meter. Demnach bilden die Berge um die Parseierspitze die hochalpinste Untergruppe der Lechtaler Alpen. Darin liegen allerdings auch einige Gefahrenmomente: etwa überraschend einfallendes Schlechtwetter und damit verbundene plötzliche Temperaturstürze. Außerdem können sich gefährliche Schneefelder bilden, die manchen Weg unterbrechen und ihn risikoreicher gestalten. Sogar Schneefälle im Sommer sind keine Seltenheit.

Beim Augsburger Höhenweg handelt es sich um einen hochalpinen Höhenweg, der bei Neuschnee oder bei Vereisung einzelner Passagen eine durchwegs ernstzunehmende Bergfahrt darstellt und darüber hinaus eine gute Kondition erfordert: von Hütte zu Hütte sind es 9 bis 10 Stunden. Zur zweckmäßigen Ausrüstung gehören zusätzlich Eispickel, Grödel (4–5zackig) sowie für alle Fälle ein Seil (9 mm, 30 m). Auf der ganzen Strecke zwischen den beiden Hütten, der Ansbacher und der Augsburger Hütte, steht lediglich eine Biwakschachtel als Wetterschutz und Notunterkunft zur Verfügung. Und es gibt nur einen akzeptablen Notabstieg: von der Dawinscharte südwärts zur Dawinalm. Wer aber die erforderlichen Voraussetzungen mitbringt, erlebt den großartigsten aller Lechtaler Höhenwege.

Eine Begehung des Augsburger Höhenweges ist voller Kontraste. Am ersten Tag wird der Aufstieg zur Ansbacher Hütte bewältigt: der mühsame Weg von Schnann durch die Schnanner Klamm zur Fritzhütte und über sonnige Wiesen zu einem der schönstgelegenen Stützpunkte in den Lechtaler Alpen – 1200 Meter über der Rosanna, die weit unten durch das Stanzer Tal fließt. Wer Lust und Kondition hat, kann den »Hausberg« der Hütte, den 2624 Meter hohen Saun, in 45 Minuten ersteigen.

Die Höhenroute – einsehbar bis zur Parseierscharte – steigt zunächst an in Richtung Flarschjoch, hält sich aber schon bald halbrechts: Memminger Hütte, Augsburger Hütte verraten die Tafeln. Aussichtsreich durch die Südflanken des Stierkopfes in die Kopfscharte (2484 m), wo man in die Nordwesthänge des Berges überwechselt; tief unten das Alperschontal. Das *Winterjöchl* wird etwa 1½ Stunden nach der Ansbacher Hütte erreicht. Noch kann man »kneifen«, das heißt zur Memminger Hütte oder ins Parseiertal ausweichen.

Rechtshaltend beginnt der eigentliche *Augsburger Höhenweg*: ungefähr 7 Stunden bis zur Augsburger Hütte. Er traversiert das oberste Griesbachtal und die Südwesthänge des Stierjochkopfes. In der *Parseierscharte* ist nicht ganz die Hälfte der Tour geschafft. Etwas abseits, knapp 5 Minuten und gut markiert durch Felsschrofen, bietet die *Roland-Ritter-Biwakschachtel* (Erinnerung an ein verdienstvolles Mitglied der DAV-Sektion Augsburg; auch »Augsburger Biwak« genannt), eine Stahlrohr-Blechkonstruktion, seit 1976 Wetterschutz und Unterschlupf.

Es folgt der schwierigste Abschnitt – in manchen Jahren gar nicht begehbar! Vorsichtiges Schreiten. Die Trasse wird

Unterwegs auf dem Augsburger Höhenweg. Abstieg zur Dawinscharte.

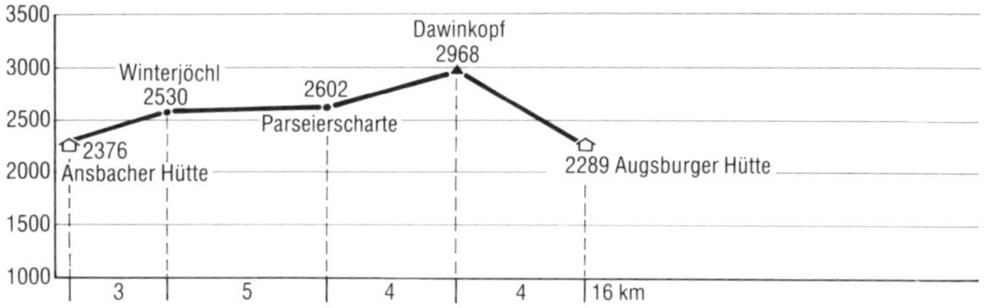

selbst noch im Hochsommer von Altschneeresten unterbrochen. Gelegentlich kracht bedrohlicher Steinschlag in den Wänden. Eine Szenerie von nüchterner Wildheit.

Hinter der *Dawinscharte* (2650 m) steht man wieder im Licht. Von hier geht es weiter zur Höhe, stellenweise recht luftig, zum zweithöchsten Gipfel der Lechtaler Alpen, dem Dawinkopf mit weitreichenden Fernblicken auf die Eisberge im Süden. Abgestiegen wird über den Ostgrat. Er ist ziemlich schmal, aber überall gut gesichert. Die Bocksgartenspitze wird in östlicher Richtung umgangen. Jetzt dauert es nicht mehr lange, und wir erreichen den fast völlig zusammengeschmolzenen Griner Ferner, über dem stolz der Gipfelblock des Parseiers thront. Er besteht aus Hornstein, einem sehr widerstandsfähigen Material, dem es der Berg verdankt, daß er nicht stärker verwittert ist.

Nun heißt es aufpassen! Vor allem bei Nebel oder sonstigen schlechten Sichtverhältnissen ist es nicht einfach, die Gasillschlucht zu finden. Sie ist sozusagen eine »Schlüsselstelle«, denn in der Schlucht erfolgt der Abstieg zur Augsburger Hütte, dem Wanderziel.

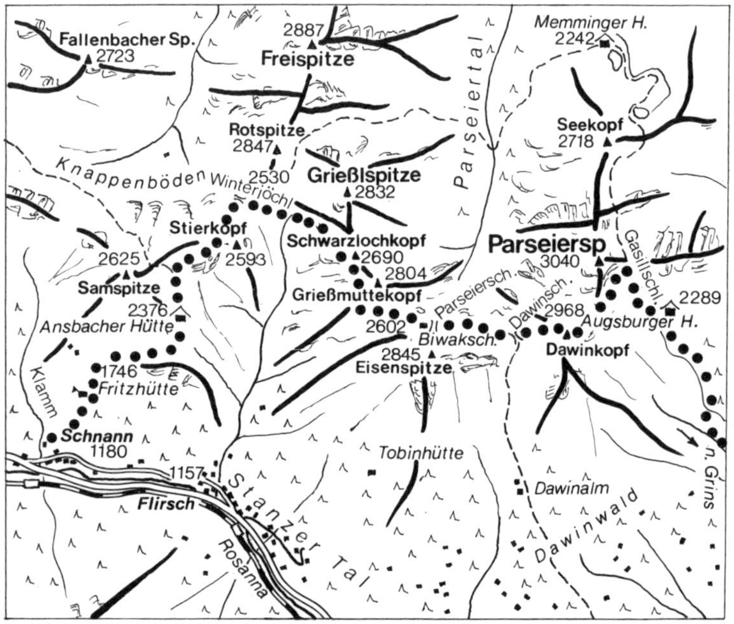

Touristische Angaben

Hochalpine Bergtour; kurze Stellen I +. Bei Neuschnee oder Vereisung zusätzliche Schwierigkeiten, stellenweise Steinschlaggefahr. Zweitagetour; Übernachtung in der Ansbacher Hütte. Vor Antritt der Tour nach den vorherrschenden Verhältnissen erkundigen. Eine Besteigung der Parseierspitze (ab Augsburger Hütte) ist mit Kletterei (II +) verbunden.

Zu bewältigende Steigung (ab Ansbacher Hütte): etwa 700 Meter.

Günstigste Jahreszeit: Mitte Juli bis Ende September.

Talorte: *Schnann* (1180 m), Sommerfrische an der Bundesstraße 1 zwischen St. Anton und Landeck, Personenzug-Haltestelle, Busverbindungen. Gasthöfe, Pensionen. *Sehenswürdigkeit:* Pfarrkirche St. Rochus (stilreiner Barock).

Grins (1050 m), Ort in hübscher Hanglage inmitten von Obstgärten, ehemalige Sommerresidenz der Tiroler Herzogin Margarethe Maultasch; 1 Kilometer von Pians (Bundesstraße 1, Bahnhof), Busverbindungen. Gasthöfe, Privatquartiere. *Sehenswürdigkeiten:* Römerbrücke über den Mühlbach, Pfarrkirche St. Nikolaus.

Unterkünfte: *Berggasthaus Fritzhütte* (1746 m), Betten und Lager, von Schnann 1½ Stunden. Von Schnann zeitweise Gepäcktransport mit einer Materialseilbahn.

Ansbacher Hütte (2376 m), Deutscher Alpenverein, höchstgelegene Hütte der Lechtaler Alpen. Betten und Lager. Von Schnann 3 Stunden.

Roland-Ritter-Biwak (2608 m), Deutscher Alpenverein, unweit der Parseierscharte, etwa 4 Stunden von der Ansbacher Hütte, 4 Lager.

Augsburger Hütte (2289 m), Deutscher Alpenverein, in aussichtsreicher Lage unterhalb dem Gatschkopf. Betten und Lager, Winterraum offen. Von Grins 3½–4 Std.

Die Parseierspitze – einziger Dreitausender der Nördlichen Kalkalpen – von der Seescharte aus bzw. von Nordosten.

Schartschrofen

Tannheimer Berge

Tour 5

Vom Aggenstein zur Roten Flüh

Weit grüßen die Tannheimer Berge – Gehrenspitze, Kellespitze, Gimpel – hinaus in die wellige, von Seen aufgelokkerte Moränenlandschaft um Füssen und die Märchenschlösser Neuschwanstein und Hohenschwangau des unglückseligen Bayernkönigs Ludwig II. Die Gruppe wird geographisch und geologisch den Allgäuer Alpen zugerechnet, grenzt sich aber von der Nachbarschaft deutlich ab: im Osten und Nordosten durch die breite Rinne des Lechtales, nördlich durch das Vilstal, im Westen durch das von Grän nach Pfronten verlaufende Engental, während im Süden das Tannheimer Tal eine klare Trennlinie bildet.

Herzkammer des Berglandes ist das abwechslungsreiche Reintal. Es wird im oberen Teil, wo die Hütten stehen, hufeisenförmig von bis zu 500 Meter hohen Wänden umschlossen. Hier bricht die Dämmerung schon früh ein, weil die Felsmauern der Sonne im Weg stehen. Ganz anders ist dagegen die Südseite, lieblicher, sonnenüberflutet mit hellen Kalkgesteinswänden oder blumenreichen Wiesen. Diese Gegensätze – Nordseite und Südseite – sind ein Wesensmerkmal der Tannheimer Berge, deren Gipfel nicht sehr hoch sind – die Kellespitze mißt nur 2247 Meter.

Etwas abgelegen von den zentralen Tannheimer Bergen breitet sich nahe bei Pfronten die Westgruppe mit Aggenstein und Breitenberg aus. Und dort nimmt unsere Wanderung ihren Anfang.

Der *Breitenberg* – mit Pfronten durch eine Kabinenbahn verbunden – ist mehr eine Almhochfläche als ein Berg. Über den Matten, auf denen Kühe weiden und »Seilbahn-Touristen« picknicken, schnellen die Wände des *Aggensteins* hoch: gelbschwarz brüchig, von Kletterern gefürchtet. Niemand sieht es dem Berg an, daß zu ihm von Norden ein Wandersteig führt. Nur die letzten Meter zum Gipfelkreuz erfordern die Zuhilfenahme der Hände, sind aber gesichert.

Vom Reintaljoch, mit Blick auf Gimpel und Rote Flüh, entweder absteigend ins Reintal oder auf der Höhe querend zum Schartschrofen.

Der Weiterweg liegt vor uns. Im Südosten grüßen die Spitzen des Hauptkammes. Eine kurze Rast in der *Pfrontner Hütte*, dann setzen wir die Tour fort. Nach einiger Zeit steht an der Nahtstelle von West- und Hauptgruppe eine kleine Almhütte am Weg.

Hinten wird der Aggenstein immer kleiner und unscheinbarer. Rote Flüh und Gimpel tauchen auf, dann Kellespitze und Gehrenspitze – der Stolz der Tannheimer Berge. Grauer Wettersteinkalk leuchtet uns entgegen; fast könnte man meinen, im Werdenfelser Land oder Wilden Kaiser zu sein.

Im *Füssener Jöchl* (1821 m), an der Bergstation des Sesselliftes von Grän, herrscht meist starker Andrang. Etwa ¼ Stunde später muß man sich im Reintaljoch entscheiden: entweder Abstieg ins Reintal oder rechtshaltend auf schmalen, ausgesetzten Steigen bis vor den Schartschrofen. Dort führt der Weg abwärts, um die Ostseite des Berges herum und hinauf in die Gelbe Scharte (der Schartschrofen kann auch überschritten werden, wobei nach dem Gipfel über einen Klettersteig, den »Friedberger Steig«, die Gelbe Scharte erreicht wird). Kurz vor dem Gipfel der Roten Flüh sind an einer Steilstufe etliche Eisenstifte angebracht; streckenweise wird der Weg von Drahtseilsicherungen begleitet.

Die *Rote Flüh* ist der meistbestiegene Gipfel in den Tannheimern. Zu Recht, wie man feststellt, denn der Panoramablick ist hinreißend: im Süden die unüberschaubare Gipfelwelt der Allgäuer Berge mit dem markanten Dreieck der Hochvogel-Nordwand, daran schließen sich nach links die Lechtaler Alpen an, der Thaneller mit seinem bis in den Sommer hinein schneegefüllten Kar, das Zugspitzmassiv; zum Greifen nahe der pfeilerartige Gimpel-Westgrat, eine Standard-Klettertour; und zu unseren Füßen, von sattgrünen Talwiesen gesäumt, leuchtet tiefblau der Haldensee.

Wer auf den Abstieg zum Gimpelhaus beziehungsweise zur Tannheimer Hütte verzichtet, erspart sich einen nicht zu unterschätzenden Gegenanstieg, und quert unter den Südwänden des Schäfers in die *Nesselwängler Scharte*. Von hier bietet sich die Gelegenheit, den höchsten Tannheimer-Gipfel, die Kellespitze, zu erklettern. Zeit für den Hin- und Zurückweg: nicht ganz 2 Stunden.

Der weitere Verlauf des Höhenweges führt auf der Südseite des zentralen Kammes entlang. Oberhalb des schmalen Hangweges folgt der bizarre Babylonische Turm; im Osten trutzt die Felsburg der Zugspitze. Im *Sabajoch* zieht das seltsam geformte Horn der Gehrenspitze die Blicke an. Danach nimmt uns das tief in die Berge eingebettete Reintal auf. Der Abstieg geht in die Beine; da wird der Gang dann über den ebenen Talboden zur Wohltat. Ein erfrischender

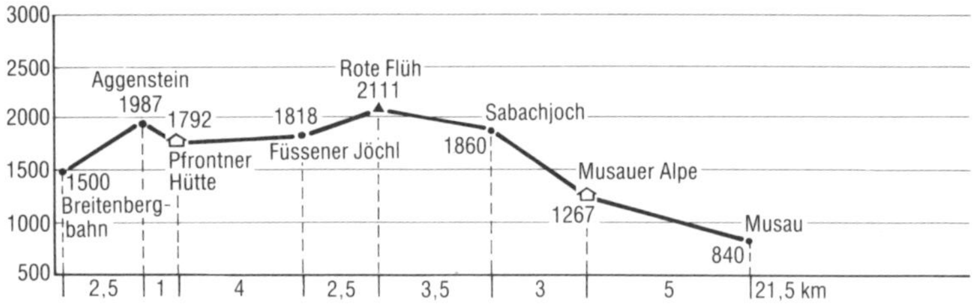

Trunk in der *Musauer Alpe*, bevor wir das letzte Stück hinaus ins Lechtal wandern. Vor uns, auf der anderen Seite des Lechtales, sehen wir den formschönen Säuling aufragen, übrigens auch ein lohnendes Wanderziel. Zum Schluß nochmals steile Kehren, ein steiniger Weg im Wald, erst dann folgt der erlösende Bummel über die Talwiese zum Rainthaler Hof bei der Bahnstation.

Touristische Angaben

Eineinhalbtagetour; Trittsicherheit und Schwindelfreiheit notwendig. Am besten Übernachtung im Reintal. Personalausweis nicht vergessen. In Pfronten die Abfahrtszeiten des Zuges von Musau erfragen! Betriebszeiten der Breitenbergbahn: 8.30 bis 11.30 Uhr, 13.00 bis 17.00 Uhr halbstündlich.
Zu bewältigende Steigung (ab Breitenberg): etwa 1300 Meter.
Günstigste Jahreszeit: Mitte Juni bis Mitte Oktober.
Talorte: *Pfronten-Steinach* (850 m), Ortsteil des aus 13 Gemeinden bestehenden Luftkurortes und Wintersportplatzes Pfronten an der Bundesstraße 309 zwischen Kempten

(29 km) und Füssen. Talstation der Breitenbergbahn, gegenüber dem Bahnhof der Strecke Kempten–Reutte. Gute Busverbindungen. Hotels, Gasthöfe, Pensionen, Zeltplatz, Schwimmbad.
Musau (840 m), kleine Ortschaft an der Bundesstraße 189 in Tirol zwischen Füssen und Reutte bzw. Pfronten und Reutte. Haltestelle der Bahnstrecke Pfronten–Reutte, gegenüber Postbus-Haltestelle. Gasthöfe, Pensionen.
Unterkünfte: *Berghaus Allgäu* (1457 m) privat, bei der Bergstation der Breitenbergbahn. Betten. Zu Fuß von Pfronten-Steinach 2 Stunden.
Berggasthaus Hochalphütte (1470 m), unweit vom Berghaus Allgäu. Betten und Lager.
Ostlerhütte (1838 m), privat, auf dem Gipfel des Breitenberg. Betten, Lager. Ca. 10 Minuten vom Hochalp-Sessellift.
Pfrontner Hütte (1792 m), Deutscher Alpenverein, südöstlich des Aggensteins. Betten und Lager, Winterraum offen. Von der Breitenbergbahn (über Aggenstein) etwa 2 Stunden, von Grän 2 Stunden.
Reintal (etwa 1550 m). Drei nahe beieinanderstehende Hütten: Otto-Mayr-Hütte (DAV, Betten, Lager), Willy-Merkl-Hütte (DAV, bewartet an Wochenenden, Lager), Füssener Hütte (privat, an Wochenenden bewartet, Lager). Von der Pfrontner Hütte 3½ Stunden, von Musau 2¾ Stunden, vom Füssener Jöchl (Sessellift von Grän) absteigend 1 Stunde.
Gimpelhaus (1720 m), privat, in balkonartiger Lage auf der Südseite der Tannheimer Kette. Betten und Lager. Von Nesselwängle (Tannheimer Tal) 1¼, vom Reintal 2¾ Stunden.
Tannheimer Hütte (1760 m), Deutscher Alpenverein, kleine Selbstversorgerhütte (Getränke, Suppen; Lager) etwa 10 Minuten vom Gimpelhaus entfernt.
Musauer Alpe (1267 m), privat, im Reintal. Betten und Lager. Von Musau sind es 1½ Stunden, vom Gimpelhaus etwa 2¼ Stunden.

Die Otto-Mayr-Hütte im Reintal. Links der Gimpel mit dem markanten »Maxband«.

Ötztaler Alpen

Tour 6

Im Schatten des Kaunergrates

Es ist schwierig – und wird immer subjektiv bleiben –, aus dem umfangreichen Tourenangebot der Ötztaler Alpen den wirklich schönsten Höhenweg auszuwählen. Zunächst war der Mainzer Höhenweg vorgesehen, der von der Chemnitzer Hütte über den südlichen Geigenkamm zur Braunschweiger Hütte führt. Dabei dürfte es sich um die großzügigste markierte Gipfelüberschreitung in Österreich handeln. Allerdings ist sie nicht unschwierig und setzt bereits ein gewisses bergsteigerisches Können voraus. Um aber auch dem Wanderer einen genußvollen Pfad präsentieren zu können, fiel die Entscheidung für den Kaunergrat. Die damit verbundene Wanderung ist repräsentativ für die vielseitigen Landschaftsformen der Ötztaler Alpen: kühne Felsaufbauten, anmutige Talschaften, Gletscher und Eisflanken. Der Kaunergrat ist einer der vier großen Seitenkämme und zugleich eine der neun Untergruppen der Ötztaler Alpen zwischen Inn, Etsch, Passer und Ötztaler Ach. An der östlichen Basis des Kammverlaufes erstreckt sich, annähernd 1500 Meter tief in das Gebirge eingebettet, das Pitztal mit den für Bergsteiger wichtigen Talorten Plangeroß und Mittelberg. Es ist enger als das Ötztal, und die beiderseits ansteigenden Hänge sind im unteren Tal steiler. Früher war das hintere Tal ein weltentlegener Winkel. Die Bewohner waren arm. Ein Teil von ihnen ernährte sich vom Flachsanbau. Als dann im 19. Jahrhundert die Leinenweberei zurückging, folgte, anfangs recht zögernd, der Fremdenverkehr, von dem heute die meisten Talbewohner profitieren – und das nahezu ganzjährig. Um Riffelsee und auf dem Mittelbergferner sind nämlich Frühjahrs- und Sommerskigebiete erschlossen worden. Jetzt hat auch das Pitztal seine Gletscherlifte, ebenso wie der benachbarte Rettenbachferner. Eine Bereicherung des Landschaftsbildes stellen diese Anlagen allerdings in keiner Weise dar.

Eine weitere Belebung des reizvollen Riffelsees sind die blondmähnigen Haflinger, die hier weiden und sich gern vom Wanderer streicheln lassen – allerdings auch einen Leckerbissen für diese Gunst erwarten.

Der Aufstieg in Richtung Kaunergrathütte vermittelt, wie so viele andere ostalpine Hüttenwege, keine außergewöhnlichen Eindrücke: Der erste Teil wird von einem steilen, bewaldeten Aufschwung gebildet; nachher trottet man durch ein ödes Hochtal. Erst wenn die schroffe, eisgepanzerte Watzespitze, der höchste Berg im Kaunergrat, im Blickfeld erscheint, kommt etwas Abwechslung in die Szenerie. Weiter oben, schon in Sichtweite der Kaunergrathütte, schwenken wir scharf links in den *Cottbuser Weg* ein und wandern in Richtung Riffelseehütte. Rechter Hand steht die dunkle Nordwand des Zurakogels. Es geht hinaus zum Nordostrücken des Steinkogels hoch über Plangeroß mit aufschlußreichen Blicken zum benachbarten Geigenkamm, wo mit bloßem Auge die Chemnitzer Hütte zu erkennen ist.

Früher einmal war dieser Weg einer steilen, brüchigen Felsrinne wegen, die traversiert werden muß, gefürchtet. Inzwischen ist diese Gefahrenstelle durch Drahtseile, Eisenstifte und Klammern entschärft worden.

Bald imponiert rechts das kühne Horn des Seekogels, die tollste Felsgestalt im Kaunergrat. Jenseits, im Geigenkamm, erheben sich der Puitkogel und der Wassertalkogel, auf dem das Biwak Rheinland-Pfalz dem Begeher des Mainzer Weges bei schlechtem Wetter willkommenen Schutz gewährt.

Langsam nähern wir uns dem *Riffelsee*, ein Werk vorzeitlicher Gletscher, die das Seebecken ausgeschürft haben. Am südöstlichen Ende des Sees lädt die *Riffelseehütte* zur Einkehr. Haben Sie beim Abgang in Plangeroß auf die Uhr geschaut? Etwa 5 Stunden sind es bis hierher.

Seit ein bequemer Sessellift bis fast zur Hütte führt, ist auch dieser einst traumhaft anmutende Platz vom Massentourismus überlaufen. Die Landschaft hat sich aber glücklicherweise nicht verändert. Im hintersten Talgrund leuchtet noch immer das Weiß der Ötztaler Hochgipfel, und droben auf dem eisgepanzerten Rostizkogel und auf dem Löcherkogel weht noch immer der freie Wind der Höhe.

Das *Taschachhaus*, unser nächstes Ziel, ist mit der Riffelseehütte durch den *Fuldaer Höhenweg* verbunden. Er wurde 1960 von der Alpenvereinssektion Fulda angelegt und beginnt bei der Brücke unterhalb des Seeausflusses. Hoch über dem Taschachtal wandern wir gemütlich in südliche Richtung und bleiben auf dem oberen Weg. Immer eindrucksvoller werden die Blicke zur Wildspitze, zum Eiswall der Taschachwand und zum Taschachhaus. Rechts oben begleiten uns weiterhin Kaunergratgipfel, die Eiskastenspitze und die Bliggspitze. Die Spur durchschneidet steinige Weidehänge. Eine glatte Felsplatte erfordert etwas Aufmerksamkeit, ist aber gut versichert.

Bei gutem Wetter und klarer Sicht ist der Fuldaer Höhenweg eine nahezu ununterbrochene Augenweide. Ich wünsche jedem Wanderer auf alle Fälle ein besseres Wetter, als mir beschert war: Nieselregen.

Der Sexegertenbach wird auf einem Steg überschritten. Ein Gegenanstieg folgt: über den Moränenrücken – man kann natürlich auch schon jetzt direkt nach Mittelberg absteigen – zwischen Taschach- und Sexegerten-Ferner hinauf zum Taschachhaus, einem Dorado für hochalpine Bergsteiger. Nicht umsonst finden gerade hier die Eiskurse vieler Bergsteigerschulen statt. Von den näheren Gipfelzielen möchte ich den Pitztaler Urkund, den Hausberg der Hütte, herausgreifen und auf seinen Nordgrat (teilweise Schwierigkeitsgrad II) hinweisen.

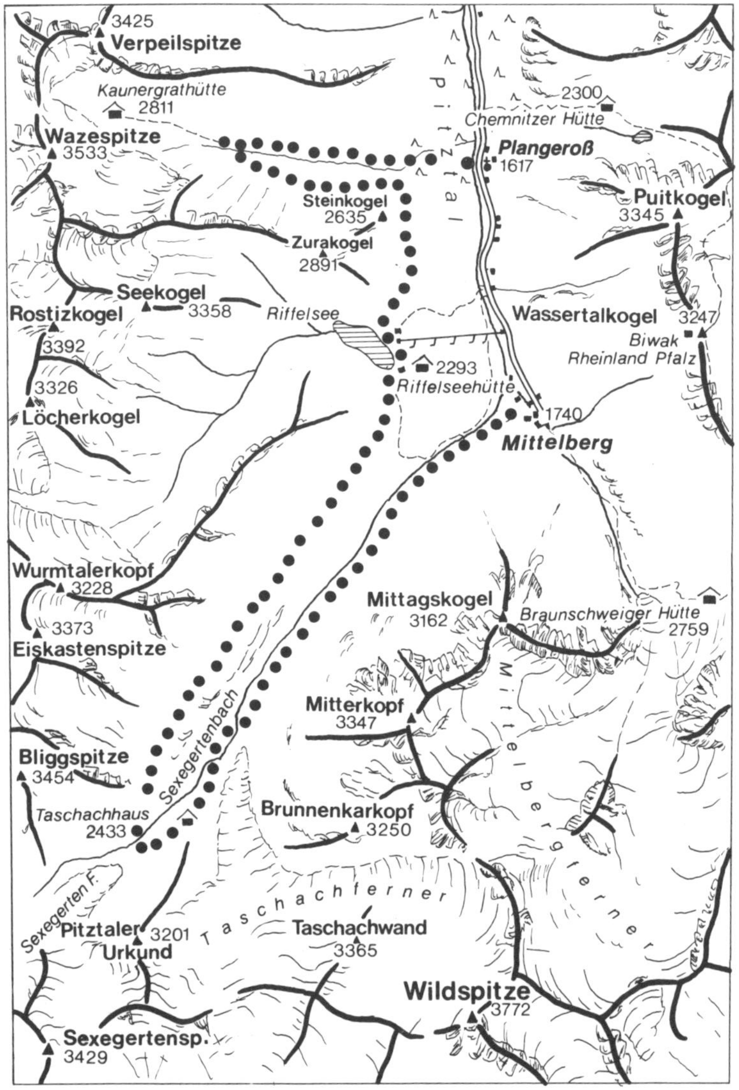

Anderer Art ist die Nordflanke der Sexegertenspitze. Sie stellt bei guten Verhältnissen (Firn) eine ideale Tour für Anfänger in Eisflanken dar.

Touristische Angaben

Wanderung in hochalpinen Regionen, kurze Wegstücke sind versichert (zeitweise Beschädigung durch Steinschlag am Cottbuser Weg). Trittsicherheit und Schwindelfreiheit erforderlich.

Effektive Gehzeit: Plangeroß–Taschachhaus: etwa 8 Stunden.

Zu bewältigende Steigung: etwa 1300 Meter.

Günstigste Jahreszeit: Anfang Juli bis September.

Talorte: *Plangeroß* (1617 m), im inneren Pitztal, 31,5 Kilometer von Imst (nächster Bahnhof, Postbusse ins Pitztal). Gasthöfe, Pensionen.

Mittelberg (1740 m), im hintersten Pitztal, 4 Kilometer von Plangeroß (Postbusse). Gasthöfe, Pensionen. Talstation der Standseilbahn zum Mittelbergferner.

Unterkünfte: *Riffelseehütte* (2293 m), Deutscher Alpenverein, beim Riffelsee auf dem Muttenkopf über dem hintersten Pitztal. Betten und Lager, Winterraum (AV-Schlüssel). Sessellift von Mandarfen bis ¼ Stunde unterhalb der Hütte, zu Fuß von Tieflehn etwa 2¾ Stunden.

Taschachhaus (2433 m), eine der ältesten deutschen Hütten in Österreich, oberhalb dem Taschach- und Sexegerten Ferner. Betten und Lager, Winterraum offen, in der alten Hütte. Von Mittelberg etwa 2½ Stunden (ein Stück ist Fahrstraße), von der Riffelseehütte 2½–3 Stunden.

Die eindrucksvollen Eisabstürze des Taschachferners. Rechts das Taschachhaus.

Mieminger Berge

Tour 7

Um die Coburger Hütte

Bei der jüngsten im Auftrag des Deutschen und des Österreichischen Alpenvereins am 13. Dezember 1982 unter Federführung von Dr. Franz Graßler, München, fertiggestellten »Alpenvereinseinteilung der Ostalpen«, kurz »AVE« genannt, werden – wie bis dahin schon üblich – das Wettersteingebirge und die Mieminger Kette offiziell und endgültig als eine Gruppe betrachtet (zusammen mit dem Arnspitzstock und dem Tschirgant-Simmeringkamm), obwohl die Mieminger Berge vom Wetterstein klar durch das Gaistal getrennt sind und auch sonst Eigenständigkeit für sich in Anspruch nehmen dürfen. Schon die erste – und bisher einzige – erschöpfende publizistische Arbeit über die Mieminger, eine Monographie aus dem Jahr 1902 in der Zeitschrift des Deutschen und Österreichischen Alpenvereins, wirft beide Gruppen sozusagen in einen Topf und umreißt Charakteristik und Grenzen wie folgt: »Im Bereiche der nordtirolischen Kalkalpen nimmt die Wetterstein-Gruppe eine bedeutsame Stellung ein. Ihr zweitmächtigstes Glied ist jener formschöne, scharf ausgeprägte Zug von herrlichen Bergen, welcher nach dem südlich vorgelagerten Mittelgebirge von Mieming den bezeichnenden Namen Mieminger Kette führt. Der Waldsattel von Holzleiten trennt sie vom Simmering-Tschirgantstock, der Fernpaß mit seinen Seespiegeln von den nordöstlichen Lechtaler Alpen, die sumpfige Hochfläche der Pestkapelle und das wildreiche Gaistal von dem Wettersteingebirge; im Osten findet sich die Höhe von Buchen und das tief eingerissene Kochental als Begrenzung gegen die wellige Hügellandschaft von Seefeld und Mösern.«

Beim Marsch ab der Kirche in *Ehrwald* auf der Dr.-Ludwig-Ganghofer-Straße (Ehrwald war Ganghofers Wahlheimat) durch das Oberdorf in östliche Richtung können wir es uns noch überlegen, ob wir gegenüber von Haus Nummer 43 bei der Kapelle rechts abbiegen (Tafeln) oder auf dem Sträßchen noch ein Stück weitergehen, nach dem »Gaistaler Hof« die Kabinenbahn nehmen und mühelos die rund 400 Höhenmeter zur Ehrwalder Alm (1500 m) in 12 Minuten »bewältigen«. Von der Ehrwalder Alm zur Seebenalm muß mit 1½ Stunden gerechnet werden. Das ist zweifellos die einfachste Möglichkeit. Um aber auch dem Heer der Klettersteig-Enthusiasten ein »Zuckerl« auf den Gabentisch zu legen, hat man 1990 die Seebenwände gesichert, um damit eine Alternative zum alpinen, rechts davon durch den Hohen Gang direkt zum Seebensee führenden Steig zu schaffen, der meist nur bei Überschreitungen der Sonnenspitze absteigend begangen wird.

Die Coburger Hütte etwas oberhalb des traumhaft schön gelegenen Drachensees im Herzen der Mieminger Berge. Im Hintergrund erhebt sich die Ehrwalder Sonnenspitze.

Auf den *Seebener Klettersteig* weist eine Tafel rechts neben der Seilbahnstütze 2 hin. Zunächst geht's noch kommod am Seebenbach entlang, mäßig bergan. Die *Coburger Rast* bleibt zurück. Durch ein Latschenfeld wird die Basis der Seewände gewonnen, direkt am Bach beim Wasserfall. Nun müssen wir auf das Stahlseil vertrauen. Es zieht schräg rechts hoch. Am Ausstieg eine steile, mit künstlichen Stufen versehene Platte. Anschließend durch Latschen, über einen Steg in ¼ Stunde zur *Seebenalm* (1566 m). Von Ehrwald etwa 1¾ Stunden.

Hier trennt uns vom *Seebensee* (1652 m) ¼ Stunde. Mit dem Güterfahrweg am Ostufer entlang, dann über den Hohen Fall, einen Steilhang, und wir sind bei der *Coburger Hütte* (1917 m). Vom Seebensee 1 Stunde.

War es am Seebensee die gigantische Zugspitzmauer, die uns in ihren Bann schlug, so fesseln uns bei der Coburger Hütte die prachtvollen Gipfel, die den Felskessel und das Drachenkar rahmen: im Osten die Tajaköpfe, südöstlich die breitgelagerten Griesspitzen, als südlicher Abschluß des Drachenkars der klotzig-elegante Grünstein mit seiner Nordkante, über die eine der schönsten Kletterfahrten (IV+) in den Miemingern führt, und im Westen die gutgeformte Sonnenspitze, der beliebteste Mieminger Gipfel. Der übliche »Weg« aus der Bieberwierer Scharte durch die Südwand: stellenweise II. Schwierigkeitsgrad, obwohl an einem Block zwei Eisenklammern und am anschließenden Band ein Drahtseil helfen. Verläßliche Sicherungsmöglichkeiten bilden die rotgestrichenen Abseilhaken. Steinschlaggefahr durch Voraus- bzw. Absteigende! Zeit von der Hütte auf den Gipfel: 2 Stunden.

Das Schutzhaus ist nur eine Zwischenstation unserer Höhentour. Vom nahezu kreisrunden *Drachensee* aus beginnen wir den einstündigen Aufstieg zur *Grünsteinscharte* (2263 m). Von der schmalen Scharte öffnet sich der Blick hinaus zum Tschirgant und ins Gurgltal nach Tarrenz.

Jenseits durch ein breites Geröllkar (»Höllreise«) absteigen und etwa ¼ Stunde später rechts mit Steigspuren durch

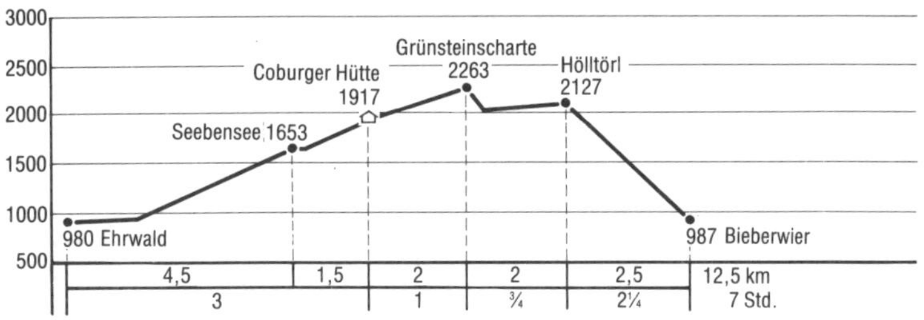

die Schutthänge auf der Südseite des Grünsteins in 40 Minuten zum *Hölltörl* (2127 m). Südwärts wären es 10 Minuten zum Postament des Höllkopfes (2193 m).

Im Hölltörl liegen alle Aufstiegsmühen hinter uns! Die Traverse wird fortgesetzt, im Geröll, dann über das Arzbödele ins *Marienbergjoch* (1788 m); Massentourismus-Atmosphäre. Der Sessellift von Biberwier schaukelt die Leute zur Höhe, Richtung *Gipfelhaus Marienberg* (1796 m). Im Südosten, jenseits des Inntals, locken die Stubaier Alpen; nordwestlich steht der Grubigstein, Hausberg von Lermoos.

Hinunter zur Lift-Bergstation. Dort vertrauen wir uns rechts dem *Jubiläumsweg* an. Fast eben dahin an der Basis des Wamperter Schrofen, oberhalb der Silberleiten. In der Umgebung des Schachtkopfes wurden mehr als vier Jahrhunderte, bis nach dem Ersten Weltkrieg, silberhaltiges Blei und Zinkerze abgebaut und teils in einer Schmelzhütte verarbeitet. Beim *Schachtkreuz* (1642 m) nehmen wir halblinks den Knappenweg. Etwa 1 Stunde später kann auf dem querverlaufenden Weg direkt in 45 Minuten nach Ehrwald

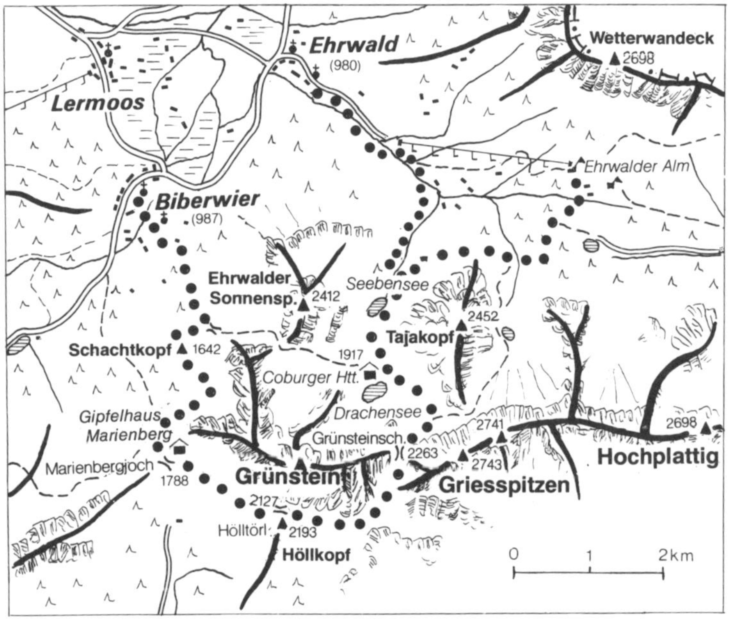

marschiert werden, oder man steigt weiter ab, bewundert in der *Rochuskapelle* – nach Pestepidemien im 17. Jahrhundert geweiht – den kunstvollen Rankenaltar, läßt die Blicke über den Talkessel mit seiner charakteristischen Moorvegetation und den verstreuten Heuhütten gleiten und trifft in *Biberwier* (987 m) ein. Der Ort hat seinen Namen von den Biberdämmen (»Biberwehren«). Er war der höchstgelegene Lebensraum von Bibern in Mitteleuropa.

Touristische Angaben

Über die Ehrwalder Alm unschwierige Tageswanderung. Durch die Seebenwände Klettersteig. Gipfelbesteigungen (z. B. Sonnenspitze) erfordern eine Übernachtung in der Coburger Hütte. Erste Kabinenbahn zur Ehrwalder Alm um 9.00 Uhr. Busrückfahrt Bieberwier–Ehrwald gegen 15.30 Uhr, 17.45 Uhr.

Gehzeiten: Über die Ehrwalder Alm (mit Seilbahn-Benutzung) etwa 6½ Stunden. Über den Seebener Klettersteig etwa 7 Stunden.

Zu bewältigende Steigung: Über die Ehrwalder Alm (mit Seilbahn-Benützung) etwa 900 Meter. Über den Seebener Klettersteig etwa 1400 Meter.

Günstigste Jahreszeit: Juli bis Oktober.

Talorte: *Ehrwald* (980 m), Fremdenverkehrsort auf der Westseite der Zugspitze, 4 Kilometer von Lermoos, 25 Kilometer von Garmisch-Partenkirchen. Gute Bus- und Bahnverbindungen. Hotels, Gasthöfe, Pensionen.

Biberwier (987 m), Fremdenverkehrsort auf der Nordseite des Fernpasses, 3 Kilometer von Ehrwald (Busverbindungen). Hotels, Gasthöfe, Pensionen.

Unterkünfte: *Ehrwalder Alm* (1493 m), private Berggasthöfe, am Abschluß des Gaistals. Betten und Lager. In den Sommermonaten bewirtschaftet. Von Ehrwald zu Fuß etwa 1¾ Stunden. Seilbahn von Ehrwald (Talstation nahe beim Gaistaler Hof am östlichen Ortsrand).

Coburger Hütte (1817 m), Deutscher Alpenverein, über dem Drachensee im felsumschlossenen Drachenkar. Betten und Matratzenlager. Bewirtschaftet von Pfingsten bis Ende September. Von der Ehrwalder Alm 2½ Stunden.

Gipfelhaus Marienberg (1796 m), privat, etwas oberhalb des Marienbergjoches am Westrand der zentralen Mieminger. Betten und Lager. Im Sommer bewirtschaftet. Von der Sessellift-Bergstation (Talstation Biberwier) ¼ Stunde.

Der Seebensee wird von beiden vorgeschlagenen Aufstiegswegen zur Coburger Hütte berührt. Dahinter das gigantische Zugspitzmassiv.

Kalkkögel

Tour 8

In den Nordtiroler Dolomiten

Bei der Auffahrt von Innsbruck in Richtung Brennerpaß fällt halbrechts im Vorblick die mächtige Gestalt der Nockspitze, auch Saile genannt, auf. Es ist der nördlichste Gipfelstock der Kalkkögel, einer Untergruppe der Stubaier Alpen zwischen der Sill, dem Stubaital, den Sellrainer Bergen und dem Inntal.

Die Kalkkögel sind ein reines Felsgebirge, geologische Sonderlinge in einem Gebiet aus Urgestein. Dieses kleine, in sich geschlossene Reich ist seit der Jahrhundertwende ein Tummelplatz der Innsbrucker Kletterer: Hias Auckenthaler, Hias Rebitsch, Kuno Rainer, Hermann Buhl haben sich dort ihre ersten Sporen in der Senkrechten geholt. Die Routen zählen zum Teil mit zum Schwierigsten im Tiroler Kalk. Der Fels ist nicht überall zuverlässig. Infolge der starken Verwitterung sind zahlreiche Gipfel des Kammes nur noch durch ihre gewachsene Basis verbunden; zwischen den Bergen liegen tiefe Scharten, die breite Geröllströme entsenden.

Man würde den Kalkkögeln unrecht tun, sie nur als Kletterdorado anzupreisen. Auch das Wandern wird großgeschrieben, das Wandern zu Hütten, über Scharten und auf Höhenwegen. Darüber hinaus kann ein Großteil der Berge verhältnismäßig unschwierig erstiegen werden, neben anderen auch der höchste Kalkkögelgipfel, die Schlicker Seespitze (2804 m), als Abstecher unserer Höhentour, auf der wir beide Seiten des Gebirges kennenlernen.

Eigentlicher Ausgangspunkt ist das Kreuzjoch. Sein Erreichen von *Fulpmes* aus wird durch Lifte erheblich erleichtert, und zwar über Frohneben zum *Kreuzjoch* (2136 m), von dem man noch knapp ½ Stunde ins *Sennesjöchl* (2259 m) benötigt, einen flachen Gratsattel nordöstlich des Kleinen Burgstall.

Aus dem Joch (Gasthaus nur im Winter geöffnet) führt ein gut gebauter Steig zur grasigen Erhebung des *Kleinen Burgstall* (2436 m), und von dort hinüber zum stumpfen Felskegel des *Hohen Burgstall* (2611 m), dem Hausberg der Starkenburger Hütte, dessen Gipfelkreuz wir 1¼ Stunden nach dem Sennesjöchl erreichen.

Knapp ½ Stunde später sind wir unten im *Schlicker Schartl* (2547 m), wo ein Weg direkt von der Schlicker Alm hochkommt. Nun im großen und ganzen eben dahin durch grobes Geröll in nordwestlicher Richtung. Rechts oben die grotesken Felsfiguren der Schlicker Manndln, denen sich links die Schlicker Seespitze anschließt. In ½ Stunde gelangen wir in den breiten Gratsattel des *Seejöchls* (2518 m) und genießen herrliche Ausblicke nach Südwesten auf die Gipfelwelt um den Alpeiner Ferner.

Der übliche Anstieg zur *Schlicker Seespitze* führt vom Jöchl hinaus in die Westflanke des Berges, in welcher der endgültige Aufstieg erfolgt; stellenweise I+; vom Jöchl etwa ¾ Stunden.

Weg Nummer 116 bringt uns im Geröll abwärts. Blicke in die dunkle Riepenwand! Die Routen in den West- und Nordwestabstürzen sind fast ausschließlich extrem schwierig. Wer unbedingt zur *Adolf-Pichler-Hütte* will: Es geht über die Wiesen geradeaus. Ansonsten queren wir im Geröll weglos in nördlicher Richtung zum Steig, der sich von der Hütte emporwindet zur Alpenklubscharte. So weit müssen wir allerdings nicht aufsteigen! Unsere Höhenwanderung biegt in etwa 2200 Meter Höhe links in den *Hochtennbodensteig* ein. Rechts reihen sich die Gipfel der Kalkkögel: Steingrubenkogel, Schlicker Türme, Steingrubenwand, Schlicker Zinnen, Hochtennspitze. Bei der Wegteilung halten wir uns rechts und wandern gemütlich über den *Hochtennboden* zum *Widdersbergsattel* (2262 m); von der Adolf-Pichler-Hütte etwa 2 Stunden.

Hinab geht es dann ins *Lizumer Kar*, über dem das dunkle Gewänd der Marchreisenspitze aufsteigt. Nach dem *Schneiderboden* schlängelt sich der Weg (Nr. 111) durch Legföhren abwärts in den breiten Jochsattel des *Halsl* (1988 m).

Rund 400 Höhenmeter, etwa 1 Stunde Aufstieg auf weißrot bezeichnetem Weg, sind es bis zum Kreuz auf der Nockspitze: die letzte größere Anstrengung! Als Belohnung hält die *Nockspitze* (2103 m) Tiefblicke und eine Weitsicht ohnegleichen bereit.

Auf dem Hinweg zurück, jedoch oberhalb des Halsl scharf rechts und auf genußvollem Hangweg zum *Birgitzköpflhaus* (2038 m). Halbrechts, das heißt nordöstlich, führt Markierung 12 durch die Nordwestflanke der Nockspitze sowie auf die schrofigen Hänge der Priemeswand und des Priemesköpfl. Von der Skilift-Bergstation (1801 m) entlang

Der Aufbau des Hohen Burgstalls, erstes namhaftes Gipfelziel des Kalkkögel-Höhenweges.

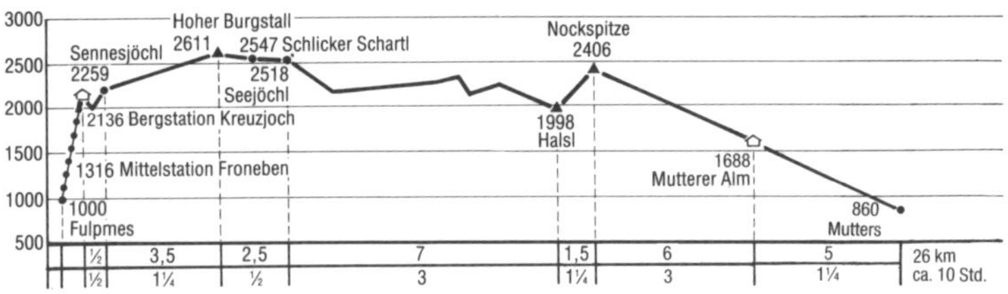

des Liftes zu der nur im Winter geöffneten Mutterer Alm (1688 m). Erst der *Nockhof* (1241 m), wohin sich ein Fahrweg senkt, bietet Einkehr. Dieser Fahrweg setzt sich fort und bringt uns zur Haltestelle *Nockhof* bei *Mutters*.

Touristische Angaben

Alpine Zweitagewanderung, wobei erfahrungsgemäß in der Adolf-Pichler-Hütte oder im Birgitzköpflhaus genächtigt wird. Erster Lift ab Fulpmes um 8.00 Uhr. Die Stubaitalbahn verkehrt bis 20.00 Uhr alle 50 Minuten.

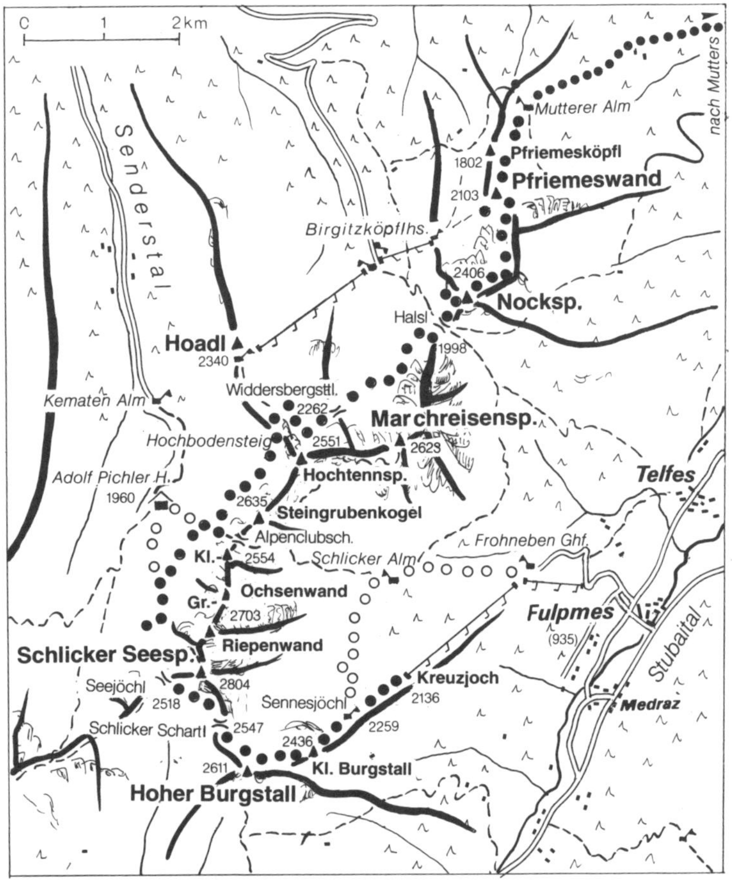

Die Wanderung kann erheblich verkürzt werden, wenn von der Adolf-Pichler-Hütte über die Alpenklubscharte zum Gasthaus Schlicker Alm und nach Frohneben zurückgekehrt wird. Aus dem Halsl direkte Abstiegsmöglichkeit nach Fulpmes. Aus dem Halsl erreicht man in wenigen Minuten den gesicherten Lustige-Bergler-Steig auf die Marchreisenspitze (2623 m), stellenweise I, etwa 2 Stunden.

Gehzeit: Kreuzjoch–Nockhof etwa 10 Stunden.

Zu bewältigende Steigung: etwa 110 Meter.

Günstigste Jahreszeit: Juli bis September.

Talorte: *Fulpmes* (935 m), Hauptort des Stubaitals, Endstation der Stubaitalbahn (von Innsbruck). Ausfahrt der Brenner-Autobahn ist »Schönberg-Stubaital«. Hotels, Gasthöfe, Pensionen, Zeltplatz. Gute Busverbindungen. – *Sehenswürdigkeiten:* Am Hauptplatz malerische Häuser, teilweise mit barocken Fassadenfresken. Pfarrkirche St. Vitus (Rokoko-Stukkaturen).

Mutters (830 m), Fremdenverkehrsort, Haltestelle der Stubaitalbahn (Innsbruck–Fulpmes), 7 Kilometer von Innsbruck, Hotels, Gasthöfe, Pensionen. Gute Busverbindungen. – *Sehenswürdigkeiten:* Dreieckiger Dorfplatz (einer der schönsten in ganz Tirol!), Pfarrkirche St. Nikolaus (außen spätgotisch, Innenraum 1759 barockisiert).

Unterkünfte: *Adolf-Pichler-Hütte*, Akademischer Alpenklub Innsbruck, auf der Westseite der Kalkkögel. Betten und Matratzenlager. Bewirtschaftet Mitte Juni bis Anfang Oktober. Vom Kreuzjoch 4½ bis 5 Stunden.

Birgitzköpflhaus (2038 m), Naturfreunde, nordwestlich zu Füßen der Nockspitze. Bewirtschaftet von Anfang Juli bis Ende September. Von der Nockspitze etwa 1 Stunde.

Vom Hoadl überblicken wir einen Teil der Kalkkögel. Am rechten Bildrand der Steinkogel. Links davon das Seejöchl, über das der Übergang vom Burgstall erfolgt.

Stubaier Alpen

Tour 9

Höhenweg vor Gletscherfeldern

Das Gebiet der Stubaier Alpen umfaßt die Berge südlich des Inntals zwischen Innsbruck, dem Brenner und der Mündung der Ötztaler Ache sowie der italienischen Grenze. Das Gebirge heißt nach dem gleichnamigen Tal, das auf eine Länge von 35 Kilometer in die Berge eingelagert ist. Dorthin verkehrt von Innsbruck ein gemütliches Bähnlein; als Ausfahrt der Brenner-Autobahn kommt »Schönberg-Stubaital« (16 km von Innsbruck) in Frage. Fulpmes und Neustift sind die Hauptorte, uralte Ansiedlungen der Rätoromanen und der Bayern.

Uns interessiert jener Teil der Stubaier Alpen, der sich über dem hintersten Stubai- und Gschnitztal zu eisigen Höhen aufschwingt. Den Gletschern vorgelagert ist eine Reihe von Alpenvereinshütten, jede von der anderen nur zwischen 2 und 3 Stunden entfernt, die geradezu zu einer Hüttenwanderung, ausschließlich in 2000 Meter Höhe einladen; die Übergänge zu den Hütten reichen nahe an die 3000-Meter-Grenze heran. Eine Wanderung in diesen Regionen ist wahrlich kein Hüttenbummel! Ausrüstung und Bekleidung sind den Erfordernissen anzupassen. Jeder Wettersturz kann im Hochgebirge neben spürbaren Temperaturunterschieden auch Neuschnee zur Folge haben.

Eines unterscheidet das folgende Unternehmen von anderen ähnlichen Touren: jede der Hütten ermöglicht einen Direktabstieg. Das gewährleistet beliebigen Abbruch der Wanderung. Von der Sulzenauhütte und der Nürnberger Hütte ins Stubaital, wo sich Bushaltestellen befinden, von der Bremer Hütte ins Gschnitztal. Hat man einmal die Innsbrucker Hütte erreicht, ist der Gang durch das Pinnistal nach Neustift nur mehr Routine. Als ausgesprochene Tagestour eignet sich der Übergang Dresdner Hütte–Sulzenauhütte.

Durch den Bau der Stubaier Gletscherbahn ist vieles anders geworden. Die *Dresdner Hütte* und ihre nähere Umgebung gleichen heute einem Rummelplatz. Selbst oben, im ewigen Eis, unter der Schaufelspitze und auf dem Fernauferner, tummeln sich »Halbschuhtouristen«. Aber es gibt auch in diesem Bereich der Stubaier noch wirklich ursprüngliche Winkel. Wenn man sich beispielsweise von der Dresdner Hütte nur eine Viertelstunde entfernt, hört und sieht man vom Massentourismus nicht mehr allzuviel.

Oberhalb der Dresdner Hütte. Über dem Fernautal ist zu Füßen der Stubaier Wildspitze auf dem aperen Felsgrat die Bergstation der Stubaier Gletscherbahn zu erkennen.

Ab der Dresdner Hütte führt Weg Nummer 102 zum Oberen Fernauboden und durch ein enges Schuttkar hinauf ins *Peiljoch* (2676 m). Hier lagert im Süden eines der repräsentativen Gletscherreviere der Stubaier Alpen: Sulzenauferner und Fernaustube, weit oben das Zuckerhütl und der Wilde Pfaff. Eisige Ruhe schwebt über den Gefilden. Übrigens schrumpfen fast alle österreichischen Gletscher, wie Messungen des Institutes für Hochgebirgsforschung der Universität Innsbruck ergeben. Waren es 1989 noch 58 Prozent, so verloren 1991 bereits 85 Prozent der Gletscher weiter an Masse, was auf die erhöhte Durchschnittstemperaturen sowie auf großflächige Staubablagerungen zurückgeführt wird. Alarmierendes, für die Zukunft möglicherweise verheerendes Gletschersterben!

Im Abstieg kommen wir an der Zunge des Sulzenauferners vorbei zum Sulzenauboden, auf dem die alte, im April 1975 von Lawinen zerstörte »Sulzenau« stand. Von der neuen *Sulzenauhütte* leitet uns der Alpenvereinssteig 102 über das *»Niederl«*, unter dem eine Felsrinne mit Drahtseilen gesichert ist, in 2½ Stunden zur *Nürnberger Hütte*.

Der Weiterweg ist etwa 10 Minuten gleichlaufend mit dem Weg zum Wilden Freiger. Dann zeigt eine Tafel links zur Bremer Hütte. Empor ins *Simmingjöchl* (2764 m) mit herrlichen Blicken auf den Wilden Freiger. Östlich hinunter zu dem von Gletschern glattgeschliffenen Felsrücken, auf dem die *Bremer Hütte* steht. Der Höhenweg zur Innsbrucker Hütte, als AV-Steig 124 beschildert, nimmt zwischen 6 und 7 Stunden in Anspruch. Er senkt sich zunächst in den Kessel der *Simmingalm*. Bald erwarten uns die Sicherungen, an denen es steil durch die sogenannten »Ochsenschröfen« hinaufgeht zu einem Joch. Als nächstes folgt der ausgedehnte Kessel der *Traulalm*. Und wieder ein Gegenanstieg. Die schrofigen Hänge sind felsdurchsetzt. Bei den Pramarnspitzen erlaubt ein Sattel (2504 m) den Übergang zu den obersten Hängen der Pfannalm, was erneut einen steilen Abstieg mit sich bringt. In der Folge ohne nennenswerten Höhenverlust zum *Alfeirkamm*, von den Einheimischen »Zündelgrat« genannt. Schließlich gelangen wir in mäßigem Gefälle über den kleinen Bergsee zur *Innsbrucker Hütte*.

Als »Hausberg« präsentiert sich der 3277 Meter hohe Habicht, einer der attraktivsten und aussichtsreichsten Ostalpen-Dreitausender. Die Route – 3 Stunden Aufstieg – ist

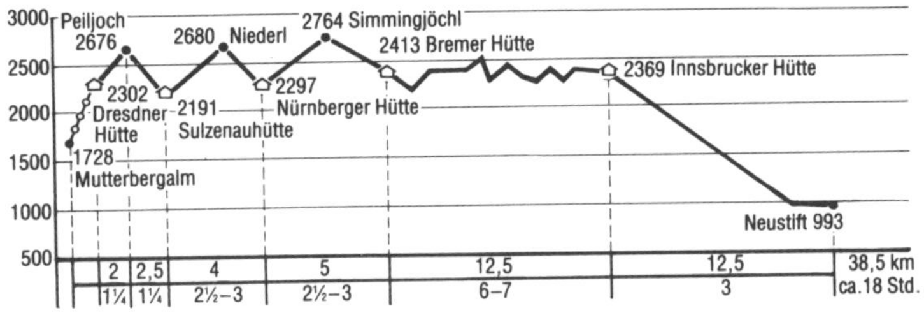

zwar unten, auf einer steilen Rippe, gesichert, birgt aber im Gipfelbereich leichte, bei Nässe rutschige Kletterei. Einen Vorgeschmack delikater Klettersteige, wie an der Ilmspitze, vermittelt das erste, 40 Meter hohe Türmchen östlich der Hütte.

Jenseits des Pinnisjoches erwartet uns das *Pinnistal*: beschaulicher Ausklang. Ab der *Jausenstation Pinnisalm* (1559 m) sind es über den *Berggasthof Herzeben* (1338 m) noch etwas mehr als 1¼ Stunden bis *Neustift* (993 m).

Touristische Angaben

Hochgebirgswanderung für trittsichere Alpinisten. Eisausrüstung (Pickel, Steigeisen etc.) ist für die Wanderung selbst nicht notwendig.
Erste Seilbahn (Mitte Juli bis Ende Mai) zur Dresdner Hütte um 8.00 Uhr. Übernachtung am besten in der Bremer Hütte und der Innsbrucker Hütte. Ab der Pinnisalm verkehrt bei Bedarf ein Jeep nach Needer. Von dort Busse nach Neustift. Von Neustift-Dorfplatz Busse zur Seilbahn-Talstation gegen 15.30 und 17.30 Uhr.

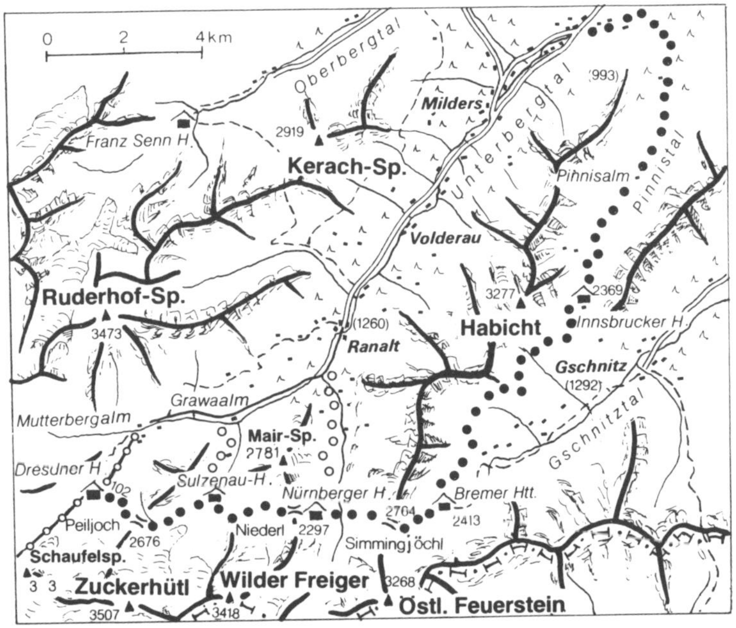

Gehzeit: Dresdner Hütte–Neustift etwa 18 Stunden.
Zu bewältigende Steigung: etwa 1800 Meter.
Günstigste Jahreszeit: Hochsommer.
Talorte: *Neustift* (993 m), letzter größerer Ort im Stubaital, 7,5 Kilometer von Fulpmes (Busverbindungen). Parkplätze und Bushaltestelle an der Durchgangsstraße unterhalb der Kirche. Hotels, Gasthöfe, Pensionen. – *Sehenswürdigkeiten:* Pfarrkirche St. Georg, 1768 bis 1774 nach Plänen von Franz de Paula Penz neuerbaut, eine der größten Hallenkirchen Tirols, reicher Deckenschmuck und barocke Einrichtung. Kriegergedächtniskapelle von 1922 mit einem Fresko von Ignaz Stolz. Auf dem alten Friedhof das Grab des Pfarrers Franz Senn (1831–1884), genannt der »Gletscherpfarrer«, alpiner Pionier, Mitbegründer des Alpenvereins.
Unterkünfte: *Mutterbergalm* (1721 m), Hotel-Restaurant am Ende der Fahrstraße (kurz vor der Seilbahn-Talstation) im hintersten Stubaital.
Dresdner Hütte (2302 m), Deutscher Alpenverein, im obersten Fernautal, unweit der Seilbahn-Mittelstation (Talstation bei der Mutterbergalm). Betten und Lager. Bewirtschaftet von Mitte Februar bis Anfang November; im Juni 14 Tage geschlossen. Von der Mutterbergalm 2 Stunden.
Sulzenauhütte (2191 m), Deutscher Alpenverein, nordöstlich des Sulzenauferners. Betten, Lager. Bewirtschaftet von Anfang Juni bis Ende September. Von der Dresdner Hütte 2½ Stunden. Von der Talstraße (Grawaalm, Bushaltestelle) etwa 2 Stunden.
Nürnberger Hütte (2297 m), Deutscher Alpenverein, im obersten Langental. Betten und Matratzenlager. Bewirtschaftet von Mitte Juni bis Ende September. Von der Sulzenauhütte etwa 3 Stunden. Von der Talstraße (Bushaltestelle) etwa 2½ Stunden.
Bremer Hütte (2413 m), Deutscher Alpenverein, über dem hintersten Gschnitztal. Betten und Matratzenlager. Bewirtschaftet von Mitte Juni bis Ende September. Von der Nürnberger Hütte 3 Stunden.
Innsbrucker Hütte (2369 m), Österreichischer Alpenverein, östlich des Habicht. Betten, Lager. Bewirtschaftet von Ende Juni bis Ende September. Von der Bremer Hütte etwa 6½ Stunden.

Bei der Innsbrucker Hütte. Im Hintergrund links die Ilmspitze über dem Pinnistal, in der Mitte die Kalkwand. Ganz rechts der aus dem Gschnitztal hochführende Weg.

Karwendel

Tour 10

Innsbrucker Höhenweg

Die Südseite des Karwendels über dem Inntal und der »Alpengroßstadt« Innsbruck war schon immer ein vielgelobtes Wanderrevier, bevorzugt von den Tirolern, aber auch beliebt bei den Münchnern. Seit die Nordkettenbahn den Bergsteiger von Innsbruck in eine Höhe von 2300 Metern zum Hafelekar befördert, sind die meisten Touren in den Bereich von Tagesausflügen gerückt. Auch der Innsbrucker Klettersteig westlich der Bergstation über Seegrubenspitze–Kaminspitze–Kemacherspitze–Östliche Sattelspitze–Frau-Hitt-Sattel zur Seegrube, der etwa 6 Stunden in Anspruch nimmt.

Hier wird der *Innsbrucker Höhenweg* vorgestellt, welcher das Hafelekar mit der Bettelwurfhütte fast durchwegs in über 2000 Meter verbindet, so daß nur geringe Höhenverluste in Kauf genommen werden müssen. Diese Route erlaubt ein Wandern für alle Altersklassen. Über weite Strecken ist es eine glanzvolle Schaupromenade mit sich ständig wandelnden Fernblicken und starken landschaftlichen Gegensätzen beim Wechsel von der Südseite der Inntalkette auf ihre Nordseite; mancherorts öffnen sich bestürzend wilde Landschaftsbilder, der herbe Geruch von Latschen begleitet uns. Sobald wir dem Seilbahnbereich entflohen sind, herrscht Einsamkeit.

Die *Bergstation Hafelekar*, schon vom Tal aus zu sehen, steht auf der Kammhöhe der Nordkette, nicht weit entfernt von einer Station der Wetterwarte Innsbruck. Zum Gipfel der 2334 Meter hohen Hafelekarspitze sind es nur 10 Minuten.

Die Wanderung läuft gemütlich an. Den Auftakt bildet der *Goetheweg* in Richtung Pfeishütte. In südlicher Richtung genießen wir die herrlichen Blicke zu den Eisweiten der Zillertaler und Stubaier Alpen, bis hin zu Venediger und Glockner, zu den Ötztalern und in die Silvretta. Die Route traversiert die Südhänge der Hafelekarspitze, der Gleierschköpfe und der Gleierschspitze etwa ½ Stunde lang, worauf nach kurzem Anstieg die *Mühlkarscharte* bei der Grathöhe östlich der Gleierschspitze betreten wird.

Am Goetheweg nahe der Mannlscharte mit Tiefblick ins Gleierschtal. Im Hintergrund das Wettersteingebirge (rechts) und Teile der Mieminger Berge (links).

Wir wechseln auf die Nordseite. Neue Eindrücke bieten die kulissenartig stehenden Karwendelketten, weit unten das stille Gleierschtal und in der Ferne das bayerische Alpenvorland. Nach insgesamt 1 Stunde erreichen wir, zuletzt in Kehren, die *Mannlscharte* (2277 m). Von hier sehen wir den Geröllpfad, der die Nordseite der Rumerspitze quert. Das ist unser Weg. Wir steigen nämlich nicht zur Pfeishütte ab – es wäre ein Umweg! –, sondern laufen von der *Arzler Scharte* (2158 m) unter der Rumerspitze, der östlichsten ausgeprägten Erhebung der Inntalkette, nahezu eben dahin, wobei man sich in der Nordseite weglos schwach rechts hält (in Richtung Kreuzjöchl) und schließlich auf den Weg stößt, der uns hinaufleitet ins *Stempeljoch* (2215 m). Spätestens hier, etwa 2 Stunden vom Hafelekar, ist die erste Rast fällig.

Früher quälten sich Tragtiere über das Joch, schwer beladen mit Grubenholz (»Stempeln«), das aus dem Scharnitzer Wald kam und für das Salzbergwerk im Halltal bestimmt war. Am schmalen Durchbruch des Jochs ist eine Gedenktafel angebracht für Julius Pock, einen erfolgreichen Alpinisten vor der Jahrhundertwende.

Auf der Ostseite wird abgestiegen. Etwa 150 Meter: zunächst durch eine plattige Rinne, dann im Zickzack durch Geröllreisen zum *Wilde-Bande-Steig*, einem Teilstück des Innsbrucker Höhenwegs. Vorerst müssen keine Niveauverluste mehr hingenommen werden. Aber aufpassen beim Queren der steilen Hartschneekegel in den zerklüfteten Karen der Stempeljochspitze, des Roßkopfes, der Bachofenspitze und des Lafatschers! In manchen Jahren liegt hier noch mitten im Sommer Schnee. Langsam bereiten wir uns auf den Anstieg ins Lafatscher Joch vor. Die Kehren sind schon seit einiger Zeit sichtbar. Von rechts kommt ein Almweg aus dem Halltal hoch. Und schon ½ Stunde später sind wir im breiten *Lafatscher Joch* (2085 m), einem Übergang zwischen Halltal und Hinterautal. Wer bis hierher nicht länger als 3 Stunden gebraucht hat, kann mit seiner Leistung zufrieden sein.

Auf dem restlichen Stück zur Bettelwurfhütte, für das man mit 1¼ Stunden rechnen muß, sind mit Ausnahme der ersten 10 Minuten keine spürbaren Steigungen mehr zu befürchten. Etwas später zweigt links der Normalweg zur Speckkarspitze (2621 m) ab. Lohnender wäre aber der *Große Bettelwurf* (2726 m) von der Bettelwurfhütte über den »Eisengattergrat«, einen teilweise drahtseilgesicherten Steig von knapp 2 Stunden.

Der Ausblick von der Bettelwurfhütte übertrifft an Schönheit die Schau von so manchem Gipfel: Tief zu unseren Füßen liegt schweigend das waldbestandene Halltal. Es gab

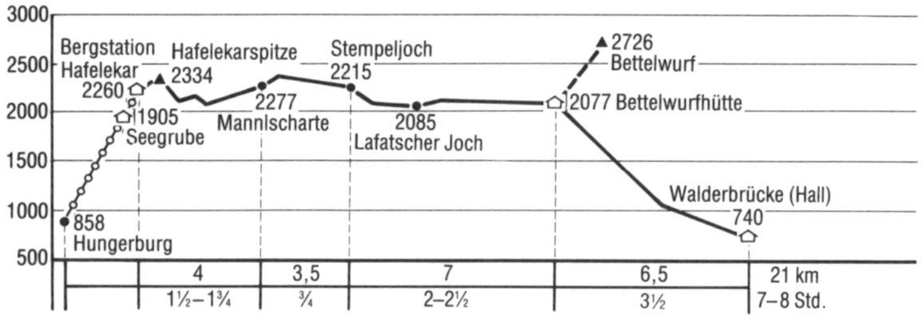

aber schon Zeiten, da herrschte im Tal geschäftiges Treiben. Bis 1968 hatte man im Talhintergrund 800 Jahre lang Salz gewonnen.

Der Abstieg ist kein Vergnügen, denn er geht ausgesprochen in die Beine und ist – nach Meinung des Autors – schwieriger als die gewöhnliche Bettelwurfroute. Zunächst das »Klamml«, einen Felskessel, fast eben und stellenweise gesichert, queren. Dann windet sich der Serpentinensteig durch Latschendickicht, geht in Steilfelsen über und läuft aus im *Halltal* bei einem offenen Gebäude der Salinenverwaltung (1080 m). So, das waren geschlagene 1000 Höhenmeter! In Anbetracht dessen verzichtet man gerne auf den beschilderten 35-Minuten-Abstecher zum einstigen Kloster St. Magdalena.

Mit dem Teersträßchen talaus, vorbei an einem alten Wehr, in ¼ Stunde zur *Kapelle*, in der man über die Geschichte des Gotteshauses informiert wird. Obwohl das Sträßchen die kürzeste Route bildet, empfehle ich den Umweg, der hier halblinks abzweigt. Den Salzberger Bach überschreiten. Etwas später versteckt sich rechts der *Maximilianbrunnen*, von dem es noch ¼ Stunde zum *Gasthaus Walderbrücke* (740 m) ist, wo man im Biergarten auf den Bus nach Hall wartet. Zu Fuß sind es zum Bahnhof etwa 1½ Stunden, wobei Absam »mitgenommen« werden kann, der bedeutendste Wallfahrsort Nordtirols bzw. die Heimat des Geigenbauers Jakob Steiner, des »Vaters der deutschen Geige«.

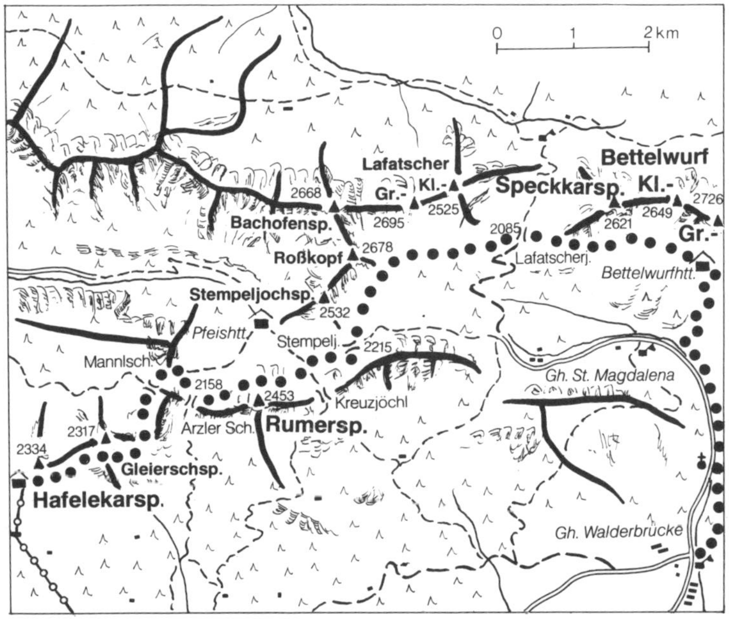

Touristische Angaben

Tagestour für Trittsichere und Schwindelfreie; teilweise gesicherte Passagen.
Betriebszeit der Bahnen ins Hafelekar ab 8.10 Uhr. Bus vom Gasthof Walderbrücke (Mittwoch, Donnerstag geschlossen) nach Hall nur werktags gegen 18.15 Uhr, 19.15 Uhr. Von Hall gute Verbindungen mit Innsbruck.
Gehzeit: Hafelekar–Gasthaus Walderbrücke: 7 bis 8 Stunden.
Zu bewältigende Steigung: etwa 450 Meter.
Günstigste Jahreszeit: Juli bis Ende September.
Talorte: *Innsbruck* (577 m), Landeshauptstadt von Tirol im Inntal. Gute Bahn- und Busverbindungen in alle Richtungen. Hotels, Gasthöfe, Pensionen, Jugendherbergen, Zeltplatz. – *Sehenswürdigkeiten:* Hofburg, Stadtpfarrkirche St. Jakob, Goldenes Dachl, Kaiserjäger-Ehrengrab mit Regimentsmuseum, Schloß Ambras, Alpenzoo.
Hall (574 m), malerischer mittelalterlicher Stadtkern aus dem 12. und 13. Jahrhundert, 9 Kilometer östlich von Innsbruck, Eisenbahn- und Busverbindungen. Hotels, Gasthöfe, Pensionen. – *Sehenswürdigkeiten:* Der das Stadtbild überragende grün-weiße »Münzerturm« der einstigen Burg Hasegg mit dem Stadtmuseum, wo im 16. Jahrhundert die erste Großsilbermünze Europas geprägt wurde und Andreas Hofer 1809 seinen »Sandwirt-Zwanziger« schlagen ließ. Pfarrkirche St. Nikolaus, ursprünglich romanisch, im frühen 15. Jahrhundert gotisch umgebaut.
Unterkünfte: *Bettelwurfhütte* (2077 m), Österreichischer Alpenverein, in schöner Hanglage südwestlich des Bettelwurfs. Betten und Matratzenlager. Bewirtschaftet von Mitte Juni bis Mitte Oktober. Vom Hafelekar etwa 4½ Stunden.
Pfeishütte (1902 m), Österreichischer Alpenverein, etwas abseits des Innsbrucker Höhenweges, nördlich der Arzler Scharte. Betten und Lager. Bewirtschaftet von Anfang Juni bis Ende Oktober. Vom Hafelekar etwa 2 Stunden.

Vom Goetheweg, der den Auftakt zum Innsbrucker Höhenweg bildet, schauen wir in nördlicher Richtung über das hinterste Samertal hinweg zum sogenannten »Barthgrat«, dem Verbindungsgrat zwischen Katzenkopf (links) und Jägerkarspitze.

Zillertaler Alpen

Tour 11

Berliner Höhenweg

Mit den Stubaiern und Ötztalern gehören die Zillertaler Alpen zu den beliebtesten hochalpinen Wanderrevieren. Die Geschichte ihrer Erschließung begann im 18. Jahrhundert. Mit dem Bau der Berliner Hütte 1879 brach die Neuzeit an. Der Tourismus nahm seinen Einzug in die Zillertaler Alpen. Weitere Stützpunkte wurden erstellt: Olperer-Hütte, Furtschaglhaus. Die letzten schwierigen Gipfel fielen. Mit dem beginnenden 20. Jahrhundert mußten neue Hütten errichtet werden, um dem zunehmenden Besucherandrang Herr zu werden.

Die Täler wurden mehr und mehr zugänglich gemacht; anfangs durch Karrenwege, aus denen sich dann Fahrstraßen entwickelten. Wo früher der Hüttenweg einen ganzen Tag ausfüllte, wie beispielsweise der Marsch von Mayrhofen zur Berliner Hütte, genügen inzwischen 3 Stunden; der Rest wird im Auto oder im Bus zurückgelegt.

Der Rückgang der Gletscher hat auch die Zillertaler Alpen nicht verschont. Nehmen wir als Beispiel das Waxeggkees (südlich des Weges von der Berliner Hütte zum Schönbichlerhorn): die Gletscherzunge ist in den Jahren zwischen 1928 und 1992 um 1100 Meter zurückgewichen!

Von den 13 Alpenvereinshütten gehören fünf der Alpenvereinssektion Berlin, darunter mit die größten und bergsteigerisch wichtigsten. Diese Zahlen unterstreichen die maßgebliche Stellung und den Einsatz der Berliner in den Zillertaler Alpen. Der Initiative ihres Vorsitzenden Dr. Helmut Gutzler ist es zu verdanken, daß 1975 der gesamte, etwa 50 Kilometer lange Berliner Höhenweg – einer der großartigsten im Zentralalpenkamm – seiner Bestimmung übergeben werden konnte.

Wer die *Berliner Hütte* nicht kennt, der kennt die Zillertaler Alpen nicht. Das ist keine Phrase! Das große, vorbildlich eingerichtete Schutzhaus – auch »Alpenvereinsschloß« genannt – stellt die attraktivste Tourendrehscheibe der »Zillertaler« dar. In der weiten Arena locken eisgepanzerte Größen: Schönbichlerhorn, Möseler, Turnerkamp, Hornspitzen, Schwarzenstein, Floitenspitze, Großer Mörchner. Und mancher Alpinist holt sich schon von hier seinen ersten Dreitausender. Einer dieser Bergriesen, das aussichtsreiche *Schönbichlerhorn* (3133 m), steht unmittelbar am Berliner Höhenweg beim – stellenweise drahtseilgesicherten – Übergang zum Furtschaglhaus. Von der Schönbichlerscharte (3081 m) sind es nur mehr wenige Minuten auf Plattentafeln zum Gipfel, der umfassende Panoramablicke garantiert.

Wir können uns Zeit lassen, denn im *Furtschaglhaus* ist eine Übernachtung vorgesehen. Südlich der Hütte imponiert die Hochfeiler-Nordwand, ein begehrenswertes Ziel für gewandte Eisgeher. Die nächstgelegenen Hochgipfel sind Möseler (3478 m, 5–6 Stunden) und Greiner (3199 m, 4 Stunden).

Der Übergang zur Olperer-Hütte führt unter anderem eine Stunde lang am *Schlegeis-Stausee* entlang. An seinem nordwestlichen Ufer, kurz vor der Dominikushütte, beginnt dann der Aufstieg (Wegnummer 502) in 1¾ Stunden zur *Olperer-Hütte*. Jetzt lockt der 3476 Meter hohe Olperer als Tourenziel von besonderem Rang, weil der Aufstieg von hier identisch ist mit dem Weg der Erstbesteiger Paul Grohmann und Gefährten im Jahre 1867. Zeit: 3 bis 4 Stunden, kombinierte Tour, Schwierigkeitsgrad I bis II, teilweise versichert. Zeitlich kann der Olperer ohne weiteres ins Programm mit aufgenommen werden, denn die dritte Etappe des Berliner Höhenweges, das Stück zum *Friesenberghaus*, nimmt nicht mehr als 2 Stunden in Anspruch. Konditionsstarke Alpinisten können in diesem Rahmen sogar den Olperer überschreiten und vom Spannaglhaus und über die Friesenbergscharte zum Friesenberghaus gehen.

Der letzte Abschnitt (zur Gamshütte), für dessen Fertigstellung 60000 Mark lockergemacht werden mußten, hat eine Länge von 14 Kilometern. Es ist alles andere als ein Bummel von Hütte zu Hütte! Oft erschweren Altschneereste das Queren steiler Rinnen, unter Umständen müssen Bäche durchwatet werden, Grashänge erfordern Trittsicherheit. Im Trümmerfeld zu Füßen des Hohen Riffler genau auf die Farbkleckse der Markierung achten! Wir passieren das Südufer des urigen *Wesendlekarsees* (2375 m). Im Rückblick der Stausee. Bei der *Kesselalpe* (2006 m) ist ein Notabstieg möglich. Mäßig bergan zur *Lackenalpe*. Südlich prunkt der Zillertaler Hauptkamm. Während der österreichischen Sommerferien bietet die *Pitzenalpe* (1874 m) Jause und Matratzenlager. An der *Feldalpe* (1865 m) erneut eine Alternative talwärts, zum Berggasthaus Oberboden, wo die Seilbahn von Ginzling endet.

Der Berliner Höhenweg indes steigt an: etwa 250 Höhen-

Nur wenige Minuten von der Berliner Hütte entfernt bieten sich dem Wanderer prächtige Blicke auf Turnerkamp (links) und Möseler (rechts); dazwischen strömt das Waxeggkees.

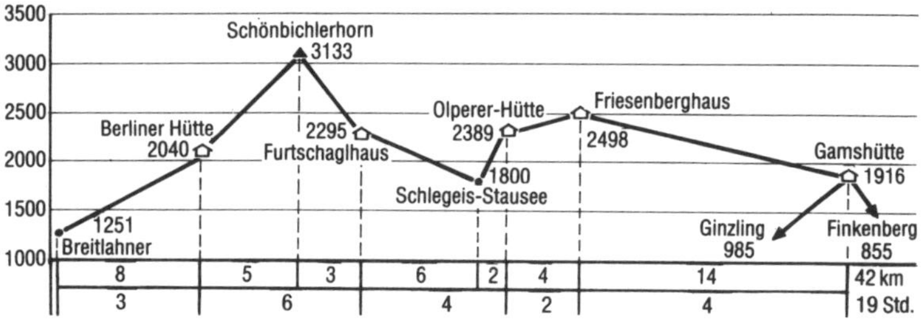

meter sind bis zu den *»Grauen Platten«* am Wildschrofen zu bewältigen. Geschafft? Ganz zum Schluß, im steilen Grashang der Vorderen Grienbergspitze, ist noch einmal Konzentration erforderlich. Dann lassen wir uns von den Wirtsleuten Daxenbichler in der *Gamshütte* (1916 m) verwöhnen – prima »Tiroler Gröstl« –, ehe der »Marathon« auf dem Hermann-Hecht-Weg nach Finkenberg ausklingt, immerhin noch acht Kilometer.

Touristische Angaben

Mehrtägige, hochalpine Wanderung ohne Gletscherberührung. Günstigste Einteilung: Berliner Hütte – Furtschaglhaus, Furtschaglhaus – Olperer-Hütte, Olperer-Hütte – Friesenberghaus, Friesenberghaus – Gamshütte.
Zu bewältigende Steigung: Ab Berliner Hütte 2600 Meter.

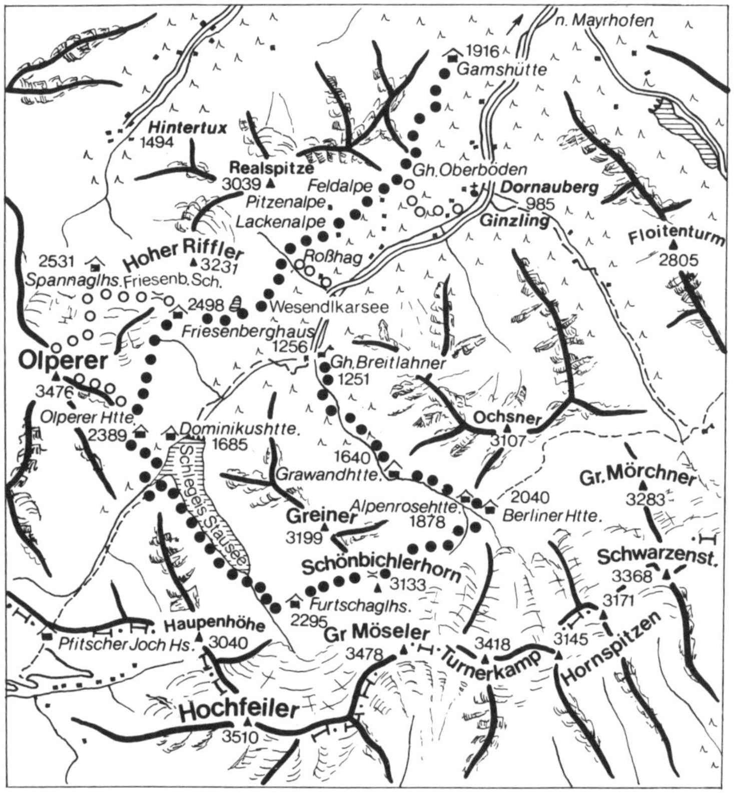

Günstigste Jahreszeit: Ende Juli bis Mitte September.
Talorte: *Mayrhofen* (630 m), Hauptort des Zillertales. Endstation der Zillertalbahn, gute Busverbindungen. Hotels, Gasthöfe, Pensionen. Schwimmbad. *Sehenswürdigkeit:* Pfarrkirchen »Unsere Liebe Frau« aus dem Jahre 1540, im 18. Jahrhundert erweitert.
Ginzling (985 m), Dorf im Zemmgrund an der Mündung des Floitentales, 8 Kilometer von Mayrhofen (durch den Harpfnerwandtunnel), Busverbindung. Gasthöfe, Pensionen.
Unterkünfte: *Alpen-Gasthof Breitlahner* (1251 m) im Zemmgrund, 7 Kilometer von Ginzling, Fahrstraße, Busverbindung mit Mayrhofen – Ginzling. Betten.
Grawandhaus (1640 m), privat, auf der Grawandalm am Weg zur Berliner Hütte. Betten und Lager. Vom Breitlahner knapp 1¾ Stunden.
Alpenrosehütte 1878 m), privat, Berggasthaus auf der Waxeckalm. Betten und Lager. Von der Grawandhütte etwa 40 Minuten; ½ Stunde unterhalb der Berliner Hütte.
Berliner Hütte (2040 m), Deutscher Alpenverein, in großartiger Lage auf der Schwarzensteinalm. Betten und Lager, Winterraum offen. Vom Breitlahner 3 Stunden.
Furtschaglhaus (2295 m), Deutscher Alpenverein, über dem Schlegeisgrund. Betten und Lager, Winterraum offen. Von der Berliner Hütte 5½ bis 6 Stunden, vom Schlegeis-Stausee (Maut-Fahrstraße vom Breitlahner) 2¼ Stunden.
Dominikushütte (1685 m), privat, über dem nördlichen Ufer des Schlegeis-Stausees. Betten und Lager. Fahrstraße von Mayrhofen (22 km), Busse. Vom Furtschaglhaus 2½ Stunden.
Olperer-Hütte (2389 m), Deutscher Alpenverein, im Riepenkar auf der Südostseite des Olperers. Betten und Lager. Winterraum offen. Vom Furtschaglhaus etwa 4 Stunden, vom Schlegeis-Stausee 1¾ Stunden.
Friesenberghaus (2498 m), Deutscher Alpenverein, oberhalb des Friesenbergsees östlich der Gefrorene-Wand-Spitzen. Betten und Lager. Von der Olperer-Hütte etwa 2 Stunden, von der Dominikushütte (direkt) 2 Stunden.
Pitzenalpe (1874 m), privat, zeitweise bewirtschaftet, Lager; wegen der Öffnungszeiten im Friesenberghaus erkundigen.
Gamshütte (1916 m), Deutscher Alpenverein, an den Südhängen des Tuxer Tales. Betten und Lager. Vom Friesenberghaus ca. 8, von Finkenberg (Tuxer Tal) etwa 3 Stunden.

Abstieg vom Schönbichlerhorn, dem stellenweise drahtseilgesicherten »Hausberg« der Berliner Hütte. Im Hintergrund links der markante Felsaufbau des Ochsner, rechts davon die zackige Zsigmondyspitze.

Alpbachtal

Tour 12

Ein Tiroler Kleinod

Das Alpbachtal, ein südliches Seitental des Unterinntales zwischen den Zillertaler Alpen und den Kitzbüheler Alpen, mündet bei Brixlegg und gehört alpingeographisch zu den Kitzbüheler Alpen bzw. bildet deren westlichen Teil. Obwohl der Name Alpbach erst 1150 urkundlich Erwähnung findet, erfolgte die Besiedelung im 8. und 9. Jahrhundert, als das Tal im Besitz des Klosters Seeon am Chiemsee war, von dem auch die Christianisierung durch schottische Mönche ausging. Nicht umsonst ist Alpbachs Patron der hl. Oswald (* 603), König von Northumbrien.

Die Ortschaft entstand während der ersten Hälfte des 15. Jahrhunderts infolge der am Gratlspitz, Schatzberg und im Luegergraben gefundenen Kupfer- und Silbererze. Mitte des 19. Jahrhunderts bedingten sinkende Erträge die Einstellung des Bergbaus. Weil die Straße erst 1926 kam, konnten sich eigenständige Bau- und Wohnkultur, Volkskunst und Brauchtum erhalten, die sorgsam gepflegt werden. Neubauten müssen sich dem hergebrachten Stil anpassen. Fremdenverkehr ist der Haupterwerbszweig – 1993 mehr als 2500 Gästebetten gegenüber 110 im Jahre 1938 –, trotzdem existieren noch rund 100 Bauernhöfe, wie vor 100 Jahren. Superlative: reinste Luft Österreichs, 1975 durch das Bundesinstitut für Gesundheitswesen festgestellt. Schönstes Dorf Österreichs, 1983 vom Fernsehpublikum gewählt.

Seit 1946 tagt alljährlich im August für zwei Wochen das Europäische Forum Alpbach, ein Treffen führender Persönlichkeiten aus Politik, Wirtschaft, Wissenschaft und Kultur. Als Anerkennung der Verdienste um die Förderung des europäischen Gedankens erhielt die Gemeinde 1985 vom Europarat in Straßburg die Europafahne verliehen. Ehre, wem Ehre gebührt! Daß allerdings die Höhenwege in den Talflanken anfangs der achtziger Jahre unter einer Teerdecke verschwanden, mag zwar die Anwohner gefreut haben, dem Naturfreund und Wanderer sind sie ein Dorn im Auge. Dessenungeachtet bleibt die beschriebene Rundtour ein Augenschmaus, ein genußvoller Bummel im Angesicht der Berge und malerischer Bauernhäuser.

Der erste Teil des Höhenweges nach Inneralpbach nimmt 1¾ Stunden in Anspruch. Aufbruch in *Alpbach* beim traditionsreichen *Messnerwirt* neben der 1726 neu geweihten Pfarrkirche (Turm von 1440). An der Kirche links vorbei, das Gemeindeamt passieren. Im Hotel Böglerhof hatten die Fuggersche Bergbauverwaltung und das Berggericht seinen Sitz. 1945 wurde dort das Europäische Forum Alpbach gegründet. Von der Höhe grüßt das Kreuz auf dem Gratlspitz. Den südlichen Talhintergrund bildet der markante Galtenberg. An der linken Straßenseite folgt das *Kongreßhaus*, auch Paula-von-Preradović-Haus genannt, nach der Dichterin der österreichischen Bundeshymne.

Und schon begleiten uns uralte Höfe, wie in einem Freilichtmuseum. Die »Hungerglocke« auf dem First rief das Gesinde zum Essen. An der Gabelung beim Anwesen Poit rechts halten, den Mühlenbach überschreiten und ansteigen auf dem Teersträßchen. Nordwestlich geht der Blick hinaus zum Vorderen Sonnwendjoch im Rofan. Auf der anderen Seite des Alpbachtales verraten die Skiliftanlagen am Wiedersberger Horn den Wintertourismus.

Die Einkehr im *Gasthaus Roßmoos* (1120 m), 35 Minuten vom Dorf, dürfte verfrüht sein. Ab hier erklären Tafeln in Abständen Aufstiegsmöglichkeiten zum Schatzberg (1901 m). Der *Pechhof* trägt das Prädikat »Erbhof«, weil er seit Generationen von einem Geschlecht bewirtschaftet wird. Im Halbdunkel des Stadels gähnt eine Katze; Hühner gackern. Der Bauer grüßt uns wie alte Bekannte. Nach der *Jausenstation Wurmhof* bleiben wir auf dem oberen Höhenweg. Jetzt ist das Gipfelkreuz des Großen Galtenberges mit bloßem Auge erkennbar.

Ungefähr 1 Stunde dauert es, ehe ein kurzes Stück nichtgeteerter Weg wohltut, 10 Minuten durch einen bewaldeten Tobel. Anschließend abwärts, den *Putzahof* bewundernd. Am *Egghof* ist ein direkter Pfad nach Inneralpbach beschildert. Unser vorläufiges Ziel ist jedoch die Bubenkapelle, das heißt wir spazieren mit dem Oberen Weg in ¼ Stunde zur *Alpbacher Ache*. Jenseits der Brücke erklärt eine Tafel den vierstündigen Galtenberg-Anstieg. Rechts erreicht man die mit Holzschindeln verkleidete *Bubenkapelle*. Durch den Luegergraben, das Tal der Ache, sind es noch gute 10 Minuten nach *Inneralpbach* (1005 m). War hier die Zelle des Tales?

Den südlichen Abschluß des Alpbachtales bildet der ansehnlich geformte Große Galtenberg (links).

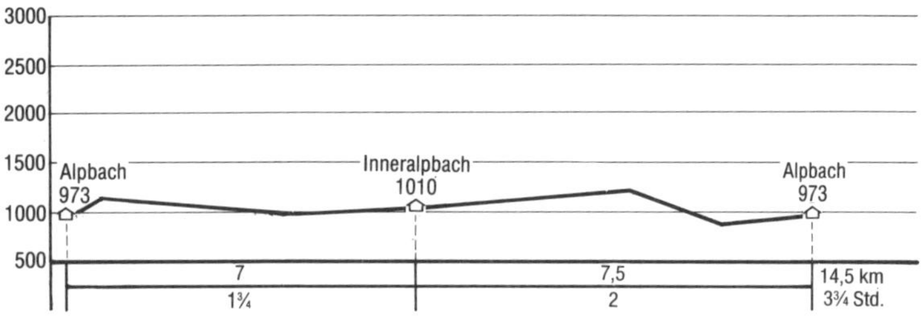

Wurde es nicht aus dem Inntal, sondern aus dem salzburgischen Pinzgau besiedelt? Einiges weist darauf hin, zum Beispiel die 1860 am Steinberger Joch, einem Übergang ins Zillertal, gefundene bronzezeitliche Axt.

Beim Gasthaus »Wiedersberger Horn« links. Das *Bergbauernmuseum* in einem 360 Jahre alten Bauernhaus sollte unbedingt besichtigt werden; geöffnet 11.00 bis 17.00 Uhr, Dienstag geschlossen.

Rechts über den *Greitbach*. Geradeaus, durch einen Bauernhof. Dann leitet ein Wiesenpfad unter dem Pöglbahn-Sessellift hindurch. Aber schon beim Gehöft Inner Ache zwingt uns die Route rechts wieder auf ein Teersträßchen. Es gilt die Beschilderung »Kolberhof«. Östlich wölbt sich der Kamm zwischen Schatzberg und Saupanzen, der das Tal vor kalten Winden schützt. Ungefähr ½ Stunde nach Inneralpbach muß bei dem kleinen Hof Dornegg kurz spürbar angestiegen werden. Der »Klingler« setzt die Reihe stilvoller Bauernhöfe fort. Am Stadel sollten Sie das Wetterhäuschen öffnen!

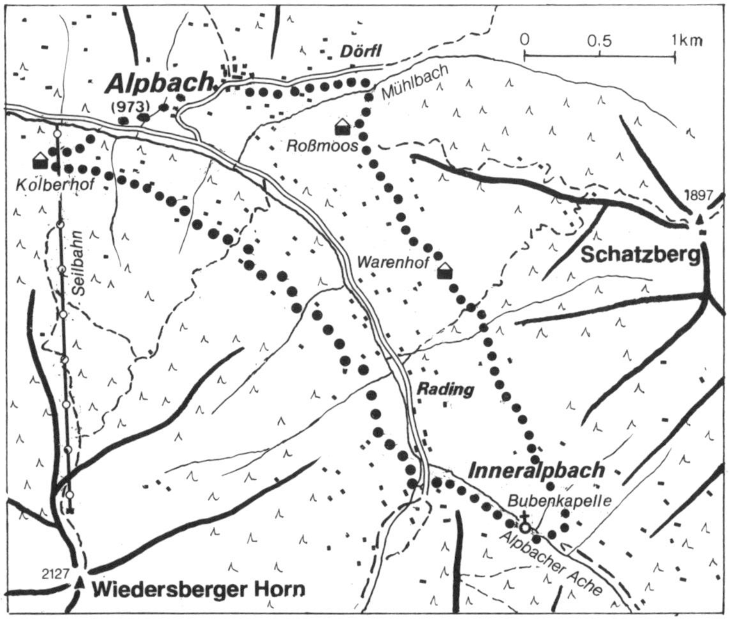

Etwa 1 Stunde nach Inneralpbach ist rechts, gegenüber einer Kapelle, der kürzeste Rückweg (40 Minuten) erklärt. Wir laufen noch ¼ Stunde bis zum *Gasthof Kolberhof*, und von dort hinunter zur *Talstraße*. Insgesamt 3¼ Stunden.

Rechts in knapp 5 Minuten, dann spitzwinkelig links hoch zu einem Haus und weiter auf dem Wiesenpfad, abschließend mit einem Teersträßchen bergan und rechts ins Dorf.

Touristische Angaben

Unschwierige Rundwanderung.
Gehzeit: 3¾ Stunden.
Zu bewältigende Steigung: etwa 400 Meter.
Günstigste Jahreszeit: Mai bis Oktober.
Einkehrmöglichkeiten unterwegs: Roßmoos (Dienstag Ruhetag), Wurmhof (Montag), Inneralpbach, Kolberhof.
Talorte: *Alpbach* (973 m), Hauptort des Tales. Von Brixlegg (nächster Bahnhof) 9 Kilometer; Postbus-Verbindungen. Hotels, Gasthöfe, Pensionen. Parkplätze beim Feuerwehrhaus am unteren Ortsrand.
Sehenswürdigkeiten der Umgebung: In *Reith* klassizistische, im Inneren von imposanter Raumwirkung geprägte Pfarrkirche St. Petrus, geweiht 1805; Dekorationen und Bilder von Joseph Schöpf. Gotische Michaelskapelle (14. Jahrhundert). Spätgotische St.-Gertraud-Kirche bei der Ruine Kropfsberg. – *Rattenberg* im Inntal, malerisches, mittelalterlich geprägtes, denkmalgeschütztes Städtchen, entstanden im Schutze der gleichnamigen Burg, in welcher der österreichische Kanzler Wilhelm Bienner 1651 enthauptet wurde. Pfarrkirche St. Vigil aus dem 15. Jahrhundert, zweischiffiger gotischer Hallenbau; 1735 barockisiert. Servitenkirche St. Augustin, 1709 vollendet durch den Lombarden Francesco Diego Carlone; Stuck seines Landsmannes Paolo d'Allio; Wand- und Deckengemälde von Josef Waldmann (1711). Hofer-Kapelle (1490). Spitalkirche Hl. Geist (15. Jahrhundert).

Dörfer, kleine Weiler und Einzelhöfe, teilweise mehrere hundert Jahre alt und in ursprünglichen Tiroler Formen, beleben die Landschaft des weiträumigen Alpbachtales. Über Alpbach blickt man talaus am bewaldeten Reither Kopf vorbei auf Karwendelberge.

Rofan

Tour 13

Zwischen Achensee und Inntal

Rund 1700 Meter über dem Inntal gipfeln die Spitzen des zentralen Rofan in einer Höhe von fast durchwegs über 2000 Meter. Das eigentliche Rofangebirge – ohne die Brandenburger Alpen im Osten – stellt eine kleine, äußerst reizvolle Gruppe mit achtunggebietenden Bergen dar, einer üppigen Flora sowie mancherorts starken Gemsenrudeln. Zur geologischen Situation: Trias- und Jurakalke sind bestimmend für Gipfelformen, die einer Art stockförmigem Hochplateau aufgesetzt sind. Auf der Nordseite fallen die Steilwände ab – grauschwarze Mauern über dem grandiosen Ampmoosboden. Betrachtet man es von dort, von Steinberg aus, versteht man, warum das Rofan »Nordtiroler Rosengarten« genannt wird.

Die lohnenden Wanderwege verlaufen mit wenigen Ausnahmen auf der Südseite des Hauptkamms. Durch Seilbahnen und günstige Verkehrsverhältnisse ist die Durchwanderung des Rofans im Rahmen einer Tagestour zur Selbstverständlichkeit geworden.

Landschaftlicher Glanzpunkt auf der Westseite des Gebirges ist der bis zu 133 Meter tiefe *Achensee*, zweifellos der schönstgelegene See Nordtirols. Im Sommer ziehen weiße Schiffe über die tiefgrüne Wasserfläche, von deren Ufern die Berge ansteigen. Die Hauptgipfel des Rofans sind aber von dort aus nicht zu sehen. Erst wenn wir bei der *Erfurter Hütte* stehen, wird eine Übersicht gegeben, und zwar vom Dalfazer Kamm im Westen bis hin zur Rofanhütte im Osten. Damit haben wir alle für die Höhenwanderung interessanten Berge vor uns. Fast könnte man sich von dem Betrieb abschrecken lassen, der bei der Seilbahn-Bergstation allsonntäglich herrscht. Doch die Leute »verlaufen« sich bald, und überdies bleiben die meisten in Hüttennähe und dekken mit einem Kaffee oder einem Bier ihre »alpinen Bedürfnisse«.

Die Erfurter Hütte bildet den eigentlichen Ausgangspunkt für den Höhenweg durch das Rofan und nach Kramsach.

Im Norden der Hütte erhebt sich der Gschöllkopf, abweisend und unnahbar, wie es von hier scheint. Wir steigen in seiner Ostseite an, passieren zunächst den Mauritz-Hochleger und erreichen nach 40 Minuten das »Gatterl«, einen Sattel zwischen Spieljoch und Gschöllkopf. Nun sieht der Gschöllkopf wesentlich zahmer aus; zu seinem 2039 Meter hohen Gipfel wären es nur noch gute 10 Minuten. Ein Vorschlag für einen kurzen Abstecher, obwohl noch höhere Berge »mitgenommen« werden können; zum Beispiel die *Hochiß*, mit 2299 Metern der höchste Gipfel im Rofan. Aber auch die Höhenroute selbst beschert uns Gipfel. Einer davon ist das *Spieljoch* (2236 m) im Hauptkamm östlich der Hochiß. Und wie bei allen Erhebungen im Hauptkamm ist auch beim Spieljoch die Südseite bergsteigerisch nicht aufregend, während die Nordabstürze teilweise bis zu 400 Meter hoch sind und schwierigste Kletterführen bergen.

Auf dem Südkamm kurz absteigen, dann links in die *Seekarlscharte*, von der sich ein weiterer namhafter Rofangipfel, die Seekarlspitze (2240 m), anbietet. Für diesen Umweg müßte man ½ Stunde einplanen. Besser, man geht gleich weiter! Der Höhenweg führt bis dicht unter die Roßkarlscharte heran und zieht sich dann unter der gelbroten Südwand des Südlichen Roßkopfes in östliche Richtung zur *Gruberscharte* hin. Einige Meter vor der Scharte zweigt bei einer kleinen Quelle links der Weg über Almmatten empor zum grasigen *Bettlersteigsattel* (2128 m) im Rofan-Hauptkamm ab, der nach 10 Minuten betreten wird. Dort hinauf zieht ein Steig durch die steilen Nordflanken.

Unser Ziel sind jetzt die Rofanspitzen! Vom Sattel führen Steigspuren zum geneigten Südwesthang, über den es unschwierig zum *Westgipfel* (2240 m) der *Rofanspitze* geht. Die schauerliche Wildheit der Nordwestabstürze können wir nur ahnen. Der unvergessene Hermann Buhl wagte dort eine schneidige Erstbegehung.

Vom Hauptgipfel trennen uns nur noch 20 Minuten. Der Übergang hält sich an den Verbindungsgrat oder dicht rechts neben ihn und stößt schließlich auf den Weg, der von der Gruberscharte direkt hochführt zum *Hauptgipfel* (2259 m) der *Rofanspitze*; etwa 3½ Stunden von der Erfurter Hütte entfernt.

Direkt im Süden zeigen sich der klotzige Sagzahn, dahinter das abgeflachte Vordere Sonnwendjoch und am Horizont der firngleißende Zentralalpenkamm.

In 10 Minuten sind wir unten im *Schafsteigsattel*. Danach heißt es aufpassen, denn der Weiterabstieg zum Marchgatterl ist stellenweise ausgesetzt, aber mit Drahtseilen gesichert. Links ragt die Ostwandmauer der Rofanspitze auf,

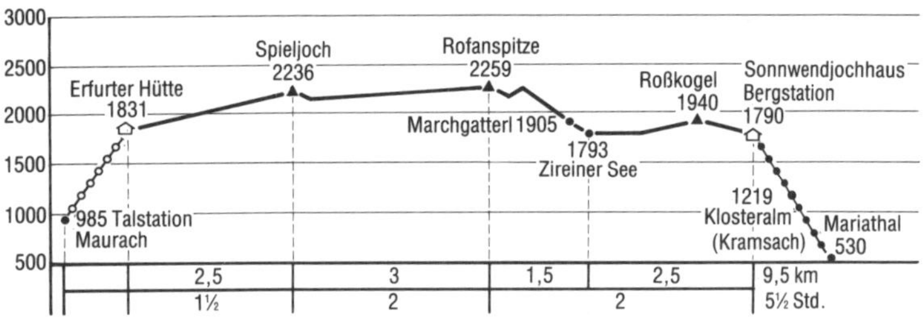

durchzogen vom berüchtigten Spiegl-Riß (im rechten Wandteil). Nach ½ Stunde sind wir im *Marchgatterl* (1905 m), einem Weidezaun auf einem schmalen Rücken. Links führt ein Weg hinaus nach Steinberg, der uns so wenig interessieren soll wie die Abzweigung 5 Minuten später in Richtung »Zireiner-Alm–Bayreuther Hütte«, auf die eine Tafel aufmerksam macht. Wir vertrauen uns dem linken Weg (»Zireiner See–Roßkopf–Bergbahn«) an und sind nach 10 Minuten am Ufer des *Zireiner Sees*, einem Juwel des Rofangebirges. Er soll unergründlich tief sein, weiß eine Sage zu berichten, und jeder, der dem Wasser zu nahe kommt, wird in den Abgrund gezogen: Wie gut, daß das keiner der vielen Ausflügler ahnt, die an sonnigen Tagen um den See lagern! Die einstige Idylle wurde durch die Sonnwendjochbahn zum (vielbesuchten) Allgemeingut, und so hört auch niemand mehr die Glocken geisterhaft aus der Tiefe des Sees läuten...

In ½ Stunde geht es über den *Schauertalsattel* (1810 m) zum

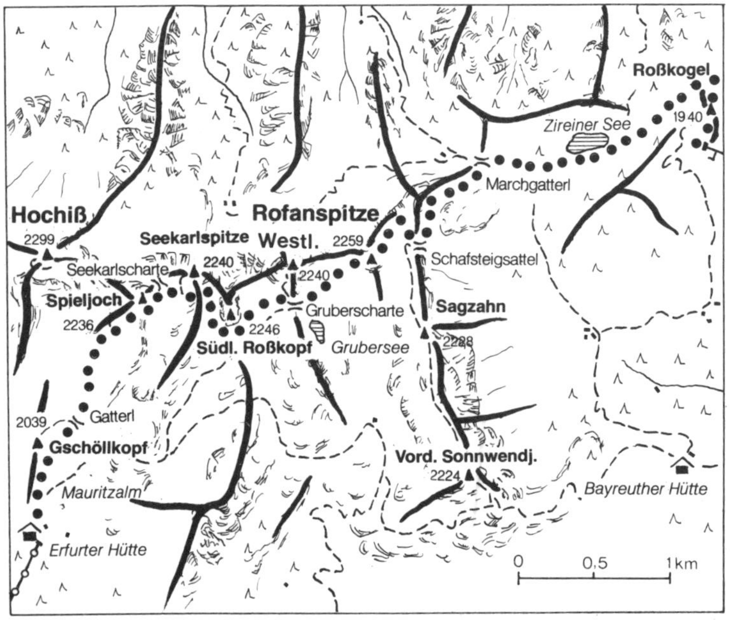

Kreuz auf dem *Roßkogel* (1940 m). Abstieg auf den Südostrücken, über eine drahtseilgesicherte Steilstufe, zum *Sonnwendjochhaus* (1800 m) und zur Bergstation der *Sonnwendjochbahn* (1790 m), die uns in zwei Sektionen nach *Kramsach* bringt, eine Wohltat für die müden Beine. Ab der Talstation besteht Busverbindung mit dem Ort.

Touristische Angaben

Unschwierige Tageswanderung; beim Abstieg vom Schafsteigsattel einige Drahtseilsicherungen.
Erste Fahrt der Rofan-Seilbahn von Juni bis August sowie bei Schönwetter an September-Wochenenden um 8.00 Uhr. Sonst im September 8.30 Uhr. Letzte Talfahrt der Sonnwendjochbahn 16.15 Uhr. Bus-Rückfahrt von der Tennishalle in Kramsach gegen 16.30 Uhr.
Gehzeit: Erfurter Hütte–Roßkogellift etwa 5½ Stunden.
Zu bewältigende Steigung: etwa 700 Meter.
Günstigste Jahreszeit: Juni bis September.
Talorte: *Maurach* (975 m), Fremdenverkehrsort am Südostende des Achensees. 1986 ausgezeichnet für sehr gute Umwelt- und Ortsbildpflege. Von Jenbach (Schnellzugstation, Busse) 4 Kilometer, ab Autobahnausfahrt 8 Kilometer. Während der Sommermonate verkehrt mehrmals täglich die älteste dampfbetriebene Zahnradbahn in Österreich zwischen Jenbach und Achensee; Achenseebahn-Museum. Hotels, Gasthöfe, Pensionen; zwei Campingplätze. Talstation (985 m) der Rofan-Seilbahn, gegenüber das Verkehrsbüro. – *Sehenswürdigkeit:* In Pertisau (5 km nordwestlich) Steinöl-Schaubergwerk. Führungen Ende Juli bis Anfang Oktober (außer Montag, Freitag) stündlich zwischen 10.30 und 14.30 Uhr.
Unterkünfte: *Erfurter Hütte* (1831 m), Deutscher Alpenverein, neben der Bergstation der Rofan-Seilbahn (von Maurach). Betten und Matratzenlager. Bewirtschaftet von Pfingsten bis Mitte Oktober. Von Maurach 2¼ Stunden.
Neben der Erfurter Hütte steht das private *Berggasthaus Rofan* mit Betten und Matratzenlager.

Der Dalfazerkamm beziehungsweise das Dalfazerjoch, bei dem sich die Bergsteiger befinden, kann von der Hochiß auf einem kleinen Umweg erreicht werden.

Wilder Kaiser

Tour 14

Auf der Südseite

Der Wilde Kaiser, ein überaus beliebtes Tourengebiet, gehört zu jenen Bereichen der Nördlichen Kalkalpen, in denen sowohl Wanderer als auch Kletterer voll auf ihre Kosten kommen. Zwischen der Maukspitze im Osten und dem Scheffauer im Westen breiten sich die Sonnenlehnen des Kaisers aus. Der Bergwald ist von Wiesen durchsetzt, hie und da steht eine Almhütte, und darüber leuchtet heller Kalk. Die einzige größere Unterbrechung des Kamms bildet das Ellmauer Tor, U-förmig eingelagert zwischen Karlspitze und Goinger Halt. Zwischen Ellmauer Tor und Scheffauer zieht sich ein überaus genußvoller Höhenweg dahin, gewissermaßen das Gegenstück zur Höhenpromenade von der Vorderkaiserfeldenhütte zum Stripsenjoch. Als Tagestour gedacht, kann die Wanderung beliebig »ausgebaut« werden, indem man den einen oder anderen Gipfel besteigt oder beim Hintersteiner See einen Badetag dazulegt. Dann muß allerdings eine Übernachtung eingeplant werden.

Nehmen wir als Auftakt die *Gaudeamushütte*, die gute, alte »Gaude«, von Hansjörg Hochfilzer bestens bewirtschaftet. Bei der Hütte ist vom Wilden Kaiser noch nicht viel zu sehen. Man muß schon weiter ansteigen ins Kübelkar, auf einem guten Weg, der über weite Strecken durch Latschen verläuft. Wenn es heiß ist, kann das Wandern zur Qual werden! Als Belohnung erwartet uns die Vordere Karlspitze mit ihrer plattenglatten, nur von feinen Rissen durchzogenen Ostwand. Rechts drüben sehen wir den hornartigen Bauernpredigtstuhl, den »Bauernspitz« der Kletterer.

Wer noch nie im Ellmauer Tor war, sollte unbedingt das restliche Stück hinaufsteigen. Das *Ellmauer Tor* ist für mich ein unvergleichlicher Platz: hinreißend der Blick in die Fleischbankwände, zu den Pfeilerbauten des Predigtstuhles – Formvollendung im Fels. Vor uns die Steinerne Rinne, eine grandiose Geröll- und Felsschlucht mit überdimensionalen Ausmaßen. Und wer schon hier Gipfelgelüste fühlt: Zur 2243 Meter hohen Hinteren Goinger Halt sind es nur 10 Minuten. Vom Ellmauer Tor ist auch ein Übergang zum Stripsenjoch möglich (siehe Trenker/Dumler, Die schönsten Höhenwege der Ostalpen), doch würde dieser Abstecher den Rahmen unserer Höhentour sprengen.

Nächstes Ziel: Gruttenhütte. Sie kann von der Gaudeamushütte direkt angegangen werden, in 1 Stunde durch das »Klamml«. Abwechslungsreicher, aber auch schwieriger ist der *Jubiläumsweg* aus dem Kübelkar durch das sogenannte *Wilde Gschloß*, eine abenteuerliche Felslandschaft. Vorsicht bei Gewittern und starkem Regen. Wenn dann noch Nebel einziehen, wird es dort unheimlich.

Von der *Gruttenhütte* geht der Blick in den Süden zu den Firnfeldern der Glockner- und Venedigergruppe und auf die Zillertaler Alpen. Zu unseren Füßen liegen die grünen Weitungen des Tals, die Zwiebeltürme der Ortschaften sind zu sehen und dahinter walddunkle Berghänge, Teile der Kitzbüheler Alpen. Zur Ellmauer Halt, mit 2344 Meter der höchste Kaisergipfel, sind es von der Hütte etwa 2½ Stunden. Der Aufstieg ist allerdings kein Spaziergang, zwischendurch müssen die Hände in den Fels greifen; wo es schwieriger zu werden scheint, sind Drahtseile angebracht.

Bei der Gruttenhütte beginnt der eigentliche *Kaiser-Höhenweg*, wie wir ihn nennen wollen: In südwestliche Richtung durch die ausgedehnte Mulde des Gruttens und zu Füßen der schroffen Wände von Kaiserkopf und Treffauer abwärts. Der Treffauer ist einer der Berge, die praktisch am Weg stehen (sämtliche Anstiege ausführlich im Alpenvereinsführer).

Wir kommen auf die Südseite des Tuxecks, das mit dem Treffauer durch einen Grat verbunden ist. Der Weg bleibt in einer Höhe zwischen 1300 und 1500 Meter. Zur Rechten wechseln die Felsbilder in rascher Reihenfolge. Aus dem Wegscheidgraben muß kurz angestiegen werden, nur eine knappe Viertelstunde. Die Farbtupfer auf den Steinen leiten durch Krummholz, traversieren Gräben, Rippen und Kare.

Etwa 2½ Stunden nach der Gruttenhütte sind wir bei der *Kaiser-Hochalm*, einem entzückenden, scheinbar weltentrückten Erdenflecken. Von hier ist es möglich, über die Steiner-Niederalm geradewegs nach Scheffau abzusteigen. Wir wollen den Genuß der Höhe aber noch eine Weile auskosten! Durch das kleine Sonnensteinkar in westliche Richtung und den Gaisgraben queren. Bei einem Zaun zweigt rechts der übliche Südanstieg zum Scheffauer ab, zu dessen Gipfel (2111 m) es ungefähr 2½ Stunden wären.

Oben: Die Gruttenhütte steht südöstlich der Ellmauer Halt und ist neben der Gaudeamushütte der wichtigste Stützpunkt auf der Südseite des Wilden Kaisers, in diesem Falle eine Station des Höhenweges.
Unten: Der Jubiläumsweg – hier an den Drahtseilsicherungen im sogenannten »Wilden Gschloß« – bildet eine attraktive Direktverbindung vom Kübelkar unterhalb des Ellmauer Tors zur Gruttenhütte.

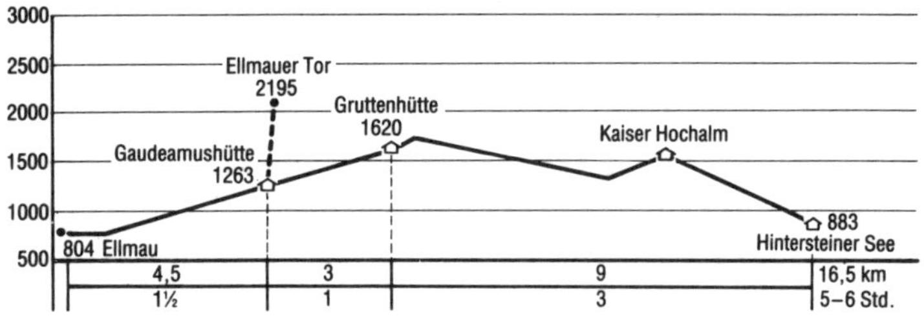

Nun fällt der Weg endgültig. Nach einiger Zeit bietet sich ein schöner Blick auf den Hintersteiner See. Almen bleiben zurück. Im lichten Hochwald geht es stetig abwärts zur kleinen Kirche von *Bärnstatt* (918 m) unweit des gleichnamigen Gasthofes. Wir schauen zurück zum Zettenkaiser und zum Scheffauer, mit denen der Wilde Kaiser nördlich von hier ausklingt. Auf der Straße sind es etwa 20 Minuten zum herrlich gelegenen *Hintersteiner See* (892 m) mit einem kleinen Freibad, an heißen Sommertagen eine köstliche Erfrischung, aber nicht jedermanns Sache nach der langen Tour. Wer sich »todmüde« fühlt, ruft vom Gasthof Bärnstatt ein Taxi. Sonst ist man auf die Asphaltstraße nach Scheffau angewiesen, und auf ihr macht das Laufen erfahrungsgemäß keinen Spaß, obwohl es nur ½ Stunde ist. Ab *Scheffau* bringt uns dann der Bus zurück nach Ellmau.

Touristische Angaben

Tageswanderung; mit Ausnahme des Jubiläumssteigs keine Schwierigkeiten.
Gehzeit: ab Gaudeamushütte 5 bis 6 Stunden. Von Scheffau Busverbindungen mit Ellmau.
Zu bewältigende Steigung: ab Gaudeamushütte etwa 600 Meter.
Günstigste Jahreszeit: Juni bis September.
Talorte: *Ellmau* (804 m), Fremdenverkehrsort auf der Südseite des Wilden Kaisers. Gute Busverbindungen. Gasthöfe, Pensionen. *Scheffau* (752 m), Bergdorf auf der Südseite des Wilden Kaisers. Abzweigung von der Staatsstraße 312 (St. Johann–Wörgl) in Blaiken. Gute Postbusverbindungen, Haltestelle bei der Kirche. Gasthöfe, Pensionen.
Unterkünfte: *Gaudeamushütte* (1263 m), Deutscher Alpenverein, auf der Südseite des Wilden Kaisers am Auslauf des Kübelkars. Betten und Matratzenlager. Bewirtschaftet von Mitte Mai bis Mitte Oktober. Von der Wochenbrunner Alm eine ¾ Stunde (Fahrsträßchen von Ellmau), von Ellmau 1½ Stunden.
Gruttenhütte (1620 m), Deutscher Alpenverein, in aussichtsreicher Lage auf der Südseite des Wilden Kaisers. Betten und Matratzenlager. Bewirtschaftet von Anfang Juni bis Mitte Oktober. Von Ellmau 2½ Stunden, von der Wochenbrunner Alm 1¾ Stunden.

Vom Ellmauer Tor, einem der Glanzpunkte des Wilden Kaisers, ist es sozusagen nur mehr ein »Katzensprung« auf den unschwierigen Gipfel der Hinteren Goinger Halt.

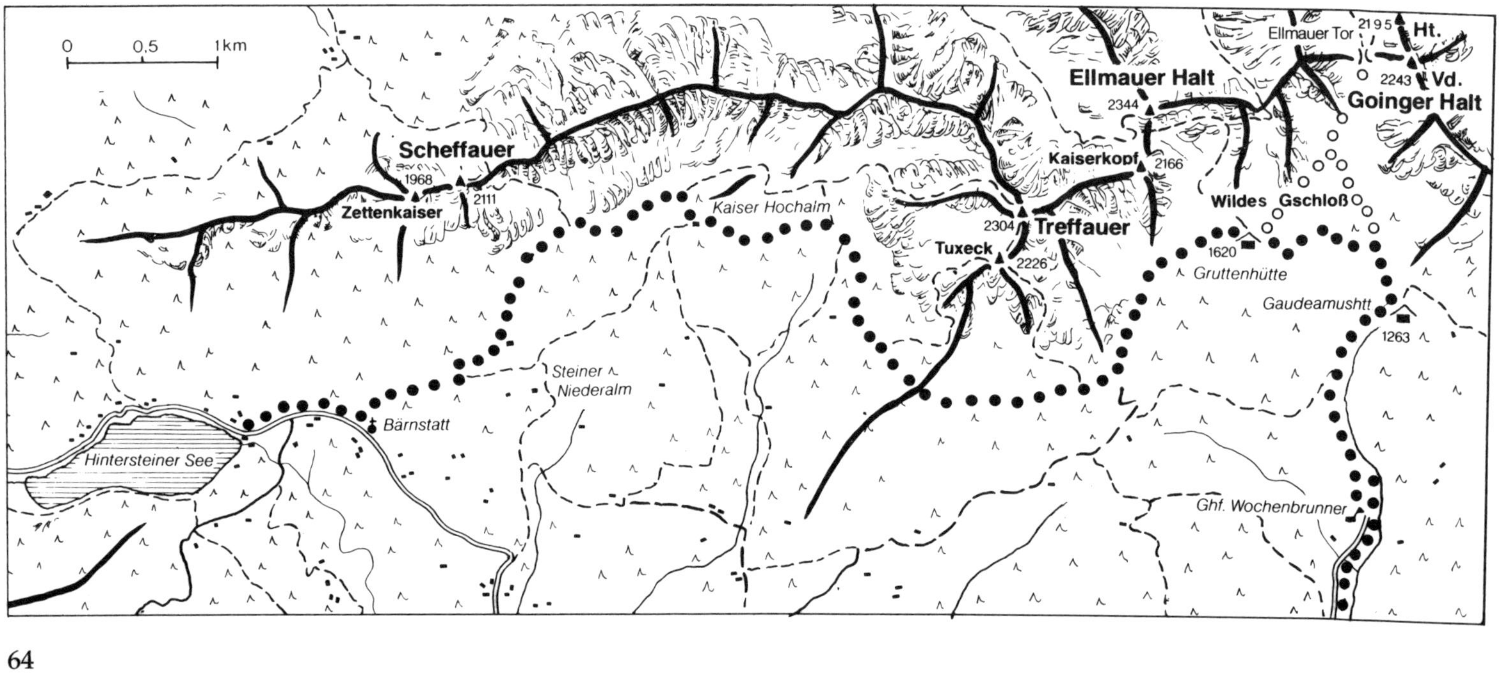

Venedigergruppe

Tour 15

Venediger-Höhenweg

Zwischen den Zillertaler Alpen und der Granatspitzgruppe entfalten sich die Hohen Tauern mit einer prachtvollen Gletscherwelt, wie sie in diesem Gebiet sonst nirgendwo mehr in dieser Schönheit angetroffen wird. Über 22 Prozent der gesamten Venedigergruppe sind von Firn und Eis bedeckt; die Gletscher werden hier übrigens »Kees« genannt. Für »Strahler«, Mineraliensucher, ist es vielleicht interessant zu wissen, daß kein anderes Gebiet der Ostalpen so starke Mineralvorkommen aufweist wie diese Gruppe.

Über scheinbar unendlichen Eisflächen erhebt sich der Großvenediger, 3674 Meter, die »Weltalte Majestät«, einer der berühmtesten Gletscherberge im ostalpinen Raum. Seinen Namen erhielt er – und mit ihm die ganze Gruppe – von dem Salzburger Bürgermeister (1406–1410) Rupert Venediger, der bei St. Johann im Pongau einen Landsitz bewohnte, von dem aus der Großvenediger in der Ferne zu sehen war.

Der Großvenediger ragt aus der gewaltigen Längsachse des Tauern-Hauptkammes auf. Die Riesenhaftigkeit des Berges verleiht der Gruppe – neben dem Glocknergebiet – eine gewisse Vorrangstellung im Reich der Hohen Tauern. Darin wurzelt auch die Anziehungskraft auf die Bergsteiger. Außerdem ist der »Venediger« von den höchsten Gipfeln Österreichs der am leichtesten erreichbare, etwa zu vergleichen mit der Ötztaler Wildspitze, dem Möseler oder dem Großen Wiesbachhorn; also nicht so schwierig wie beispielsweise der Großglockner. Der Berg darf jedoch nicht unterschätzt werden! Denn: die Besteigung des Großvenedigers ist, ganz gleich von welcher Hütte, eine ernstzunehmende Tour, die einen geschulten Alpinisten verlangt.

Vom Großvenediger strömen die Gletscher strahlenförmig nach allen Seiten aus und verteilen sich gleichmäßig auf die Nord- und Südseite. Auf der Südseite führt das Band des Venediger-Höhenweges um die halbe Gruppe. Teilweise in nächster Nähe der Gletscherfelder, ein kurzes Stück sogar auf dem Gletscher, leitet dieser großartige Höhenpfad von Hütte zu Hütte, traversiert die Steilhänge entlegener Talschlüsse, windet sich empor zu Scharten – stets im Angesicht der Welt ewigen Eises.

Hoher Zaun, Schwarze Wand und Rainerhorn (von links nach rechts), drei hübsche Nachbargipfel des Großvenedigers, die sich über dem Schlatenkees erheben.

Die Wanderung vom *Matreier Tauernhaus* durch das Tauerntal ist ein Spaziergang. Wir verweilen kurz bei der »Felsenkapelle«, einem vom Volk verehrten Platz. Die Landschaft wird grandios. Kurze Rast im malerischen *Innergschlöß*. Noch ein Stück talein, bis der Gschlößbach links überschritten wird. Vorbei an einem wilden Wasserfall führt der *Rudolf-Zöller-Weg* über die reizvollen Salzalpenseen an das Schlatenkees heran und hinauf zum *Löbbentörl* (2770 m). Tafeln erklären den Weiterweg in südlicher Richtung. An drei Stellen sind Drahtseile angebracht. Dann erwartet uns die *Badener Hütte*.

Der zweite Tag wartet mit einer »Schlüsselstelle« auf. Gemeint ist damit der oft bis in den Sommer hinein vereiste Zugang in die Galtenscharte. Das Gratstück nach der Scharte ist ziemlich luftig, und in der Kälberscharte mußten sogar Drahtseile angebracht werden. Der weitere Abstieg zum *Bonn-Matreier-Haus* ist dagegen reine Spielerei. Die Hütte steht, aus Felsen gefügt, unter der Sailspitze, dem Sailkopf und dem Eichhamstock.

Voller Erwartung sehen wir dem Höhepunkt der Tour, dem Großvenediger, entgegen. Zunächst bietet die *Eisseehütte* (2521 m) willkommene Zwischenstation. Luftholen! Es folgen 1½ Stunden Anstieg ins *Wallhorntörl* (3025 m), den Zenit der Tour. Jenseits hilft, sofern nicht eingeschneit, ein Stahlseil hinunter auf das *Mullwitzkees*. Im Sommer sind die Spalten bei normalen Verhältnissen rechtzeitig auszumachen. Manche zwingen zu kurzen Umwegen, sofern man sie nicht überspringen kann. Das *Defreggerhaus* ist in prachtvoller Lage errichtet worden; es liegt höher als zahlreiche Hauptgipfel ostalpiner Berggruppen und bestand schon vor der Jahrhundertwende.

Wie wär's jetzt mit dem »Venediger«? Geübte dürfen ihn sich ohne weiteres zutrauen. Mit Umsicht und Geschick kann eigentlich nichts schiefgehen. Der Aufstieg dauert etwa 2½ Stunden und verläuft ausschließlich im Gletschergelände.

Der Venediger-Höhenweg ist aber auch ohne Gipfel nicht zu verachten. Einmal von den Anstrengungen her und der mehrtägigen Dauer, zum anderen durch die wechselnden Eindrücke zwischen der Eiswelt im Norden und der freien Aussicht nach Süden über die Defregger Alpen, zur Rieserfernergruppe mit dem nicht zu übersehenden Hochgall und zu den dahinter hervorspitzenden Dolomiten. Dieser Höhenweg ist voller Reize. Auch noch der letzte Teil von der

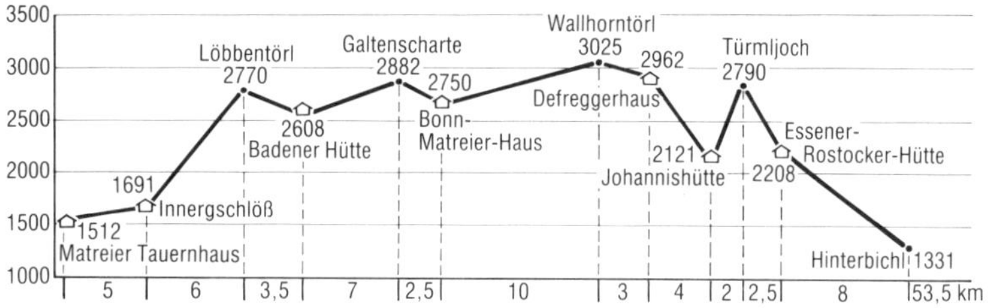

Johannishütte hinüber zur *Essener-Rostocker-Hütte*. Allerdings ist die Versuchung groß – um nicht zu sagen unwiderstehlich –, durch das reizvolle Dorfertal hinauszuschlendern nach Hinterbichl. Wer aber doch die zwei Stunden empor in das Türmljoch auf sich nimmt, wird von der unberührten Berglandschaft südlich des Großen Geigers überrascht.

Touristische Angaben

Teilweise hochalpine Dreitagetour. Beim Übergang (»alter Weg«) Wallhorntörl–Defreggerhaus sind Seil, Steigeisen und Pickel notwendig. Einfachere, gletscherfreie Alternative (»neue Route«) zum Übergang Wallhorntörl–Defreggerhaus: Nördlich der Eisseehütte links (westlich) über die Zopetscharte (2958 m) zur Johannishütte; 3 Stunden. Der Großvenediger erfordert zusätzlich einen Tag.
Zu bewältigende Steigung (Gschlößtal–Mauertal): etwa 3300 Meter.
Günstigste Jahreszeit: Ende Juli bis Anfang Oktober.
Talstützpunkte: *Matreier Tauernhaus* (1512 m) privat, Betten, südlich des Felbertauern, Fahrstraße zum Haus, von Matrei 4 Kilometer, Busverbindungen. Die Straße nach Innergschlöß kann zwischen 6 und 8.30 Uhr sowie zwischen 17 und 19 Uhr gegen Maut befahren werden; Stellwagen.
Alpengasthof Venedigerhaus (1691 m), privat, Betten und Lager, in Innergschlöß im Tauerntal. Stellwagen vom Matreier Tauernhaus, zu Fuß etwa 1½ Stunden über Außergschlöß (Jausenstation). In Innergschlöß ein ÖAV-Informationsbüro.
Hinterbichl (1331 m), Ort im hinteren Virgental, 3 Kilometer von Prägraten. Endhaltestelle der Buslinie von Matrei. Gasthöfe, Pensionen.
Unterkünfte: *Badener Hütte* (2608 m), Österreichischer Alpenverein, auf der Südostseite des Großvenedigers am Froßnitzkees. Betten und Lager, Winterraum (ÖAV-Schlüssel). Vom Alpengasthof Venedigerhaus 4½ bis 5 Stunden.
Bonn-Matreier-Hütte (2750 m), DAV und ÖAV, südlich der Eichhamspitze auf der Venediger-Südseite. Betten und Lager, Winterraum (ÖAV-Schlüssel). Von der Badener Hütte etwa 4 Stunden, von Prägraten 4½ Stunden.
Eisseehütte (2521 m), privat, auf der Kleinitzalpe etwa 140 Höhenmeter unterhalb des Eissees. Betten und Lager. Von Wallhorn (Prägraten) 3½ Stunden.
Defreggerhaus (2962 m), Österreichischer Touristenklub, höchstgelegene Hütte der Venediger-Gruppe, am Mullwitzkees. Betten und Lager. Von der Bonn-Matreier-Hütte ca. 5½ bis 6½, von Hinterbichl 4¼ Stunden.
Johannishütte (2121 m), Deutscher Alpenverein, im Hintergrund des Dorfer Tales. Betten und Lager. Vom Defreggerhaus (absteigend) 1 Stunde, von Hinterbichl 2¾ Stunden.
Essener-Rostocker-Hütte (2208 m), Deutscher Alpenverein, auf der Venediger-Westseite im obersten Maurertal unter dem Simonykees. Betten und Lager. Von der Johannishütte etwa 3½ Stunden, von Hinterbichl 3 Stunden.

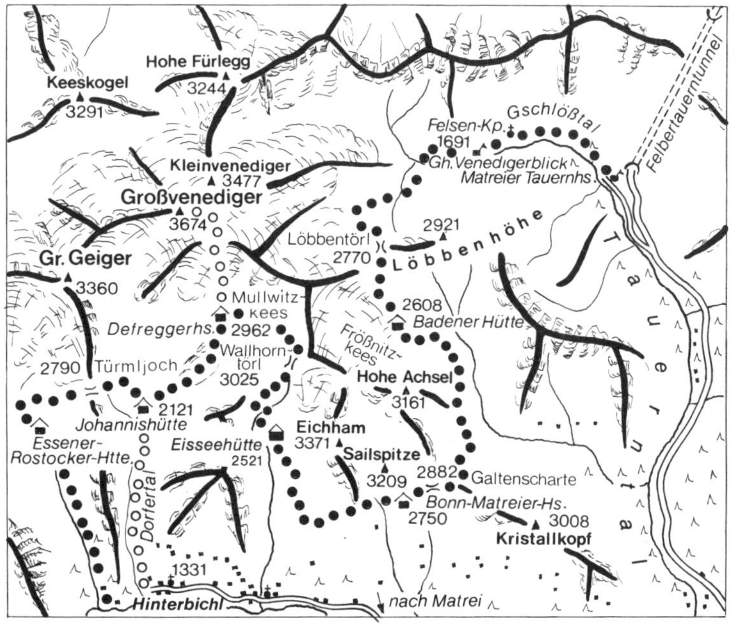

Einen beherrschenden Eindruck hinterläßt der Großvenediger mit seinen fast ebenso hohen Nachbarn und den weiten Eisflächen des Schlatenkeeses, die hier vom Grünsee aus zu sehen sind.

Lienzer Dolomiten

Tour 16

Dreitörlweg

Südlich von Lienz in Osttirol, wo sich im Lienzer Becken das Pustertal (Oberes Drautal) und das Drautal treffen, erheben sich die Lienzer Dolomiten – die »Unholde«, wie man sie im Mittelalter nannte. Noch früher, vom 8. bis ins 11. Jahrhundert, lebten Slawen in den Tälern.

Der heutige Name entspricht dem Dolomitgestein, welches das Gebirge hauptsächlich aufbaut, meint aber auch die dolomitenähnliche Formgebung. Größte Länge zwischen Kartitschsattel im Westen und Gailbergsattel im Osten nicht ganz 40 Kilometer, Breite zwischen Lienz und St. Lorenzen knapp 15 Kilometer.

Mögen die Lienzer Dolomiten für Hochalpinisten als Ausweichziel gelten, etwa bei unzuverlässigen Wetterverhältnissen am Großglockner oder am Großvenediger, so stellen sie für den Wanderer ein lohnendes Betätigungsfeld dar, in dem sogar der eine oder andere Gipfel – beispielsweise die Laserzwand – »mitgenommen« werden kann.

»Dreitörlweg« – in der Tat sind es drei markante Törl, das heißt schartenähnliche Gratlücken, welche die klassische, zweifellos lohnendste Traversale der Lienzer Dolomiten zwischen Karlsbader Hütte und Hochstadelhaus überwindet. Obwohl die Originalroute keinen Gipfel berührt, hinterläßt sie tiefe Eindrücke. »Das Ziel ist der Weg«, um den alpinen Altmeister Henry Hoek zu zitieren.

Trassiert wurde der Dreitörlweg 1911 durch die rührige Alpenvereinssektion Karlsbad (heute Tschechische Republik). Sie hatte bereits 1906 die gleichnamige Hütte erbaut. Erste bekannte Begeher des späteren Dreitörlweges waren Rohracher und Marcher anno 1891.

Start bei der *Lienzer Dolomitenhütte* (1620 m). Sie kann zwar rasch und mühelos auf einem Mautsträßchen angesteuert bzw. von Lienz mit dem Bus erreicht werden, den abwechslungsreichsten Zugang stellt jedoch der Goggsteig von der Waldschenke bei Amlach dar.

Die Karlsbader Hütte unter dem Seekofel. Rechts der klotzige Eggerturm.

Nun entweder auf dem breiten, sogenannten »Egerländerweg« (Abkürzer möglich) taleinwärts oder vom Parkplatz neben der Dolomitenhütte dem Rudl-Eller-Steig anvertrauen. Er hält das Gedenken an den Lienzer Rudl Eller (1882–1977) wach, den Pionier in den Lienzer Dolomiten und Erstbegeher der »Dibonakante« an der Großen Zinne. Der Steig ist an etlichen Passagen gesichert und bei trockenem Wetter kein Problem; allerdings besteht hinter dem Zellingerschartl zeitweise Steinschlaggefahr!

Gemeinsames erstes Ziel: Laserzkessel – Herzkammer des Gebirges, mittendrin die *Karlsbader Hütte* (2260 m), eine der schönstgelegenen Österreichs, oberhalb des etwa acht Meter tiefen Laserzsees. Beiläufig 30 Gipfel rahmen das gigantische Kar. »Hausberg« und am wenigsten schwierig, mustergültig rot markiert, ist die Große Laserzwand (2614 m): 1½ Stunden. Wer im Laserzwandsattel, 1 Stunde ab Hütte, schon genug hat, schlendert linkshaltend in gut 5 Minuten zum höchsten Punkt der Kleinen Laserzwand (2568 m).

Am besten erkundigt man sich bei »Flor« Stotter, dem Hüttenwirt, nach den vorherrschenden Verhältnissen. Der Dreitörlweg peilt südöstlich das von einem markanten Felsturm bewachte *Laserztörl* an, zu dem 50 Minuten aufgestiegen werden muß. Erstmals tritt der Hochstadel ins Blickfeld.

Jenseits, auf einem Zickzacksteig, verliert die Route 300 Höhenmeter, ehe sie sich als Querung fortsetzt. Die Gegensteigung führt mühsam über eine Schuttreiße ins *Kuhleitentörl* mit seinen Felsnadeln. Dahinter umfängt uns der »Baumgarten«, ein verhältnismäßig flaches Hochkar. Und wieder geht es bergan, durch eine Geröllgasse rechts von dem hornartigen Klammkopf. Diesmal wartet das *Baumgartentörl* an der Grenze von Osttirol nach Kärnten. Freier Blick südwärts, wo der Karnische Hauptkamm eine gewaltige Barriere bildet; links der massige Stock des Hochstadels – einst »Haupt der Unholde«. Seit der Karlsbader Hütte sind 3¼ Stunden vergangen, Zeit also für eine Rast!

Jetzt orientieren wir uns am Kennleitenkamm, einem Ausläufer des Hochstadels; Bezeichnung rot-weiß-rot. An der Weggabelung ½ Stunde später, muß man sich entscheiden! Geübte können der markierten Südkamm-Route auf den Hochstadel (2680 m) folgen und erreichen mit dem Garitzensteig (»Rudnig-Weg«) das Hochstadelhaus. Kürzer und einfacher ist in jedem Fall der Wanderpfad: Halbrechts getreu der Markierung 213 über das *Leitentörl* und den *Faulecksattel*. An der Route träumt das kleine »Seel«. Vom Raneck sind es dann nur mehr 20 Minuten zum *Hochstadelhaus*. Von hier aus geht der Blick zur Goldberggruppe mit Sonn-

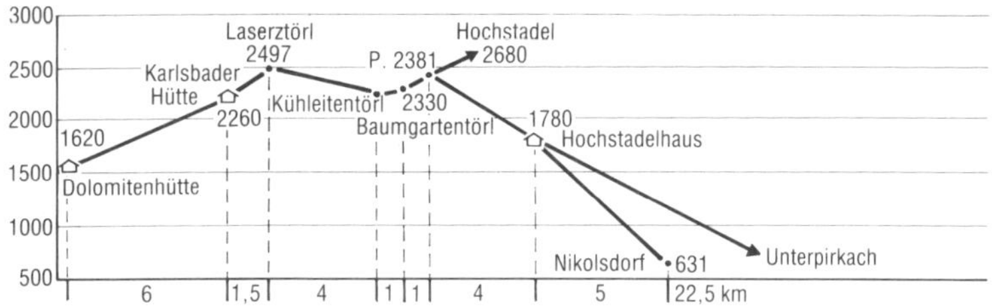

blick und Hocharn, Kreuzeckgruppe mit Ziethenkopf und Scharnik, Gailtaler Alpen, Karnischer Kamm mit den Grenzgipfeln Kellerwand, Hohe Warte, Seewarte, Wolayerseekopf.

Eine Abstiegsvariante wäre der 1882 durch die Sektion Oberdrauburg des Österreichischen Touristenklubs installierte Zabarotsteig (16 Holzleitern), allerdings nur bei trockenem Wetter. Üblicherweise nimmt man den gängigen Hüttenweg, ein für den öffentlichen Verkehr gesperrtes Sträßchen, das Abkürzer erlaubt. Auf dem Drautalboden links zur Nikolsdorfer Brücke (200 m vom Bahnhof) oder weiter nach *Nikolsdorf*. Rückkehr nach Lienz entweder von Nikolsdorf-Bahnhof mit der Bahn oder von Nikolsdorf mit dem Bus.

Touristische Angaben

Unschwierige Wanderung; im Frühsommer mancherorts Altschneereste, hauptsächlich am Laserz- und Kühleitentörl.

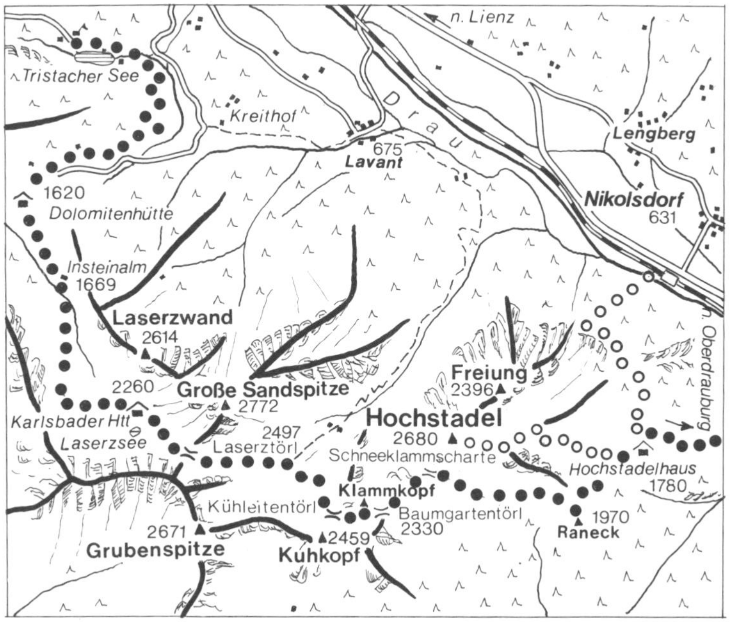

Gehzeit: 1½ Tage.
Zu bewältigende Steigung: etwa 1200 Meter ab Dolomitenhütte. Eventuelle Ersteigungen der Laserzwand oder des Hochstadels erfordern Trittsicherheit und Schwindelfreiheit bzw. verlängern die Tour.
Günstigste Jahreszeit: Juli bis Ende September.
Talorte: *Lienz* (673 m), Hauptstadt von Osttirol am Treffpunkt verschiedener Bundesstraßen (100, 106, 107), wichtiger Eisenbahnknotenpunkt, Busbahnhof beim Postamt. Hotels, Gaststätten und Pensionen; Krankenhaus, Schwimmbad. Seilbahn zum Zettersfeld. Sehenswürdigkeiten: Spätgotische, 1457 geweihte Pfarrkirche St. Andrä, Chor 1738 barockisiert, beispielhaft für die Osttiroler Gotik; vier gotische Flügelaltäre (um 1500), Kruzifix. Am Hauptplatz repräsentative Bürgerhäuser sowie die Lieburg mit zwei gedrungenen Zwiebeltürmen als Wahrzeichen der Stadt. Zwischen Lienz und Dölsach Ausgrabungen der Römerstation Aguntum, um 50 n. Chr. mit Stadtrechten versehen; Reste einer frühchristlichen Kirche. Kleines Museum.
Oberdrauburg (620 m), reizvoller alter Ort, 20 Kilometer südöstlich von Lienz im Drautal. Bahn- und Busverbindungen. Gaststätten und Pensionen, Schwimmbad. Sehenswürdigkeiten: Reste eines römischen Kastells, Pfarrkirche.
Unterkünfte: *Dolomitenhütte* (1620 m), privater Berggasthof südlich von Lienz in prächtiger Position. Betten und Lager. Von Lienz aus Straße (10 km) mautpflichtig nach 6,5 Kilometer; Kleinbusverbindung dreimal täglich. Von Amlach (2 km südlich von Lienz, Busverbindungen) auf dem Goggsteig 2¾ bis 3 Stunden.
Karlsbader Hütte (2260 m), Deutscher Alpenverein, im Laserzkar etwas oberhalb des Laserzsees. Betten und Lager. Von der Dolomitenhütte kürzester Weg 1½ Stunden.
Hochstadelhaus (1780 m), Österreichischer Touristenklub, auf der Unholdenalm. Betten und Lager, Winterraum (ÖTK-Schlüssel). Von der Karlsbader Hütte etwa 5 Stunden, von Oberdrauburg 4 Stunden.

Am Kerschbaumer Törl, Beispiel für einen lohnenden Abstecher vom Dreitörlweg.

Ankogelgruppe

Tour 17

Tauern-Höhenweg

Vor Badgastein, nur etwa 100 Kilometer von Salzburg entfernt, erheben sich zwischen Katschberg und Tauerntunnel die Berge der Ankogelgruppe, des östlichsten hochalpinen Gebietes der Hohen Tauern. Dort gibt es mehrere stattliche Dreitausender und eine beachtliche Anzahl von Gipfeln mit einer Höhe um 2800 Meter und 2900 Meter, so daß an lohnenden Tourenzielen kein Mangel herrscht.

Lange Zeit ließ man die Ankogelberge sozusagen links liegen, obwohl sie verkehrsmäßig in jeder Beziehung sehr günstig liegen. Erst die Fertigstellung der Seilbahn aus dem Seebachtal, von deren Bergstation es 10 Minuten zum Hannoverhaus sind, brachte touristische Massen und einen bis dahin nicht gekannten Andrang zum Ankogel. Ein anderer Eingriff in die ursprüngliche Landschaft war der Bau des Samerboden-Speichers und die dadurch notwendig gewordene Straße durch das Maltatal, einst das schönste Tauerntal. Früher mußte man von Gmünd 7 Stunden zur einsamen Osnabrücker Hütte gehen, heute sind es von der Staumauer nur mehr zwei Stunden; das Schutzhaus mußte 1980 vergrößert werden!

Der höchste Gipfel der Ankogelgruppe ist die Hochalmspitze (3360 m), die »Tauernkönigin«, wie sie auch genannt wird, der sich nordwestlich, jenseits der Großen Elendscharte, der 3246 Meter hohe Ankogel als Kulminationspunkt der gleichnamigen Untergruppe anschließt. Die Ankogelgruppe besteht in der Hauptsache aus Zentralgneis und ist daher für Mineraliensucher von großem Interesse. Kletterer werden nicht verwöhnt. Eine Ausnahme bildet die Schneewinkelspitze-Nordwand, von der Liselotte Buchenauer, eine exzellente Kennerin der Gegebenheiten, sagt, es sei »vielleicht die großartigste Wandkletterei zwischen Hafner und Glockner«. Das Klima ist typisch für das Hochgebirge. Und wie überall am Tauernhauptkamm, kann sich auch in der Ankogelgruppe bisweilen der Föhn recht unangenehm bemerkbar machen. Übrigens ist es häufig der Fall, daß auf der Nordseite, im Gasteiner Tal, schlechtes Wetter herrscht, während jenseits des Tauerntunnels die Sonne scheint. Lassen Sie sich also nicht vorzeitig einschüchtern!

Bevor wir den eigentlichen Tauernhöhenweg betreten, ist schon der Aufstieg aus dem malerischen Kötschachtal in die Kleinelendscharte mit ungefähr 1400 Höhenmeter, die zu bewältigen sind, eine richtige Strapaze. Dafür entschädigt uns eine stille Landschaft mit dem einsamen Kesselkar. In der Scharte genießen wir erst einmal diese erhabene Ruhe einer ursprünglich gebliebenen Natur, denn auf der anderen Seite, unten auf dem Uferweg am Stausee, hat die Technik schon Einzug gehalten.

Damit sind wir auf dem *Tauernhöhenweg*, der von den Schladminger Tauern bis zur Warnsdorfer Hütte am östlichen Rand der Zillertaler Alpen verläuft. Die *Osnabrücker Hütte* ist eine Zwischenstation auf diesem großzügigen Höhenweg. Prachtvoll ist der Blick über das Großelendkees zum Großelendkopf, hinter dem sich die Hochalmspitze verbirgt; links davon die Elendköpfe und die Preimlscharte, rechts die unscheinbare Jochspitze.

Hier müssen wir uns entscheiden: Geübte Alpinisten können über den Ankogel in 5 Stunden zum Hannoverhaus gehen, wobei Pickel, Seil und Steigeisen auf dem Kleinelendkees ratsam sind. Wer sich das nicht zutraut, benutzt den Hauptweg über die *Großelendscharte* und wagt sich an den Ankogel vom *Hannoverhaus* an heran. Von dort rechnet man mit 2½ bis 3 Stunden, je nach Verhältnissen (Firn oder Blankeis), über den Kleinen Ankogel (3090 m). Die Aussicht vom Hannoverhaus steht in ihrer Schönheit der vom Gipfel nicht viel nach – ein kleiner Trost für jene, die auf den Ankogel verzichtet haben. Bei schlechtem Wetter nimmt man am besten die Ankogel-Seilbahn, ab der Talstation ein Taxi oder den Kleinbus (Sommerferien) nach Mallnitz, und erreicht Badgastein per Eisenbahn. Der Weiterweg auf der Höhe führt fast eben zum *Kleinen Tauernsee*, der ein Stück unterhalb des Weges liegt. Etwas später, hinter den Südosthängen der Gamskarspitze, besteht in der Romatewand Steinschlaggefahr; etliche Passagen sind ziemlich ausgesetzt und bei Schnee meist schwierig. Die *Mindener Hütte*, ursprünglich ein Unterstand, ist in den Sommermonaten bewartet. Sie steht an der Nahtstelle zur Goldberggruppe, der wir nun einen Besuch abstatten, vorausgesetzt, der Hagener Weg ist aper. Hans Unterrainer, Betreuer der Hütte, gibt gerne Auskunft. Notabstieg: 4 Stunden auf dem Mindener Jubiläumsweg nach Mallnitz.

Die Spur in den steilen Flanken wird schmal, stellenweise fußbreit. Der Abschnitt *Hannoverhaus–Hagener Hütte* nimmt

Der Ankogel von der Arnoldshöhe aus. Im Vordergrund das Mausoleum für Dr. Karl Arnold.

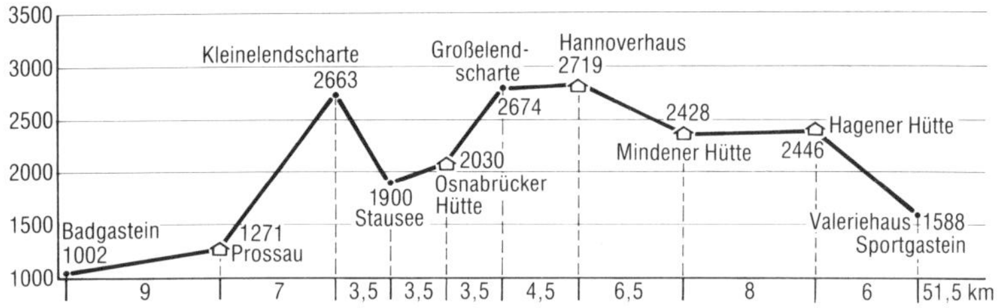

etwa 6 Stunden in Anspruch. Das Schutzhaus der DAV-Sektion Hagen steht auf einer aussichtsreichen Kuppe. Etwa 10 Minuten unterhalb wurde das Mallnitzer Tauernhaus nach jahrelangem Verfall 1991 als Museum eröffnet; die Wirtin der Hagener Hütte weiß die Öffnungs- bzw. Führungszeiten.

Über die *Mallnitzer Tauern* wird der Hauptkamm überschritten. Drunten, auf dem *Naßfeld*, wartet der Bus in Richtung Badgastein. Wer Glück hat, wird vom Parkplatz bei der Jannigalm von einem freundlichen Autofahrer mitgenommen.

Touristische Angaben

Mehrtägiges, hochalpines Unternehmen. Am Ankogel sind Seil, Steigeisen und Pickel empfehlenswert.
Zu bewältigende Steigung (ab Prossau-Gasthaus): etwa 2700 Meter.
Günstigste Jahreszeit: Anfang August bis September.
Talorte: *Badgastein* (1002 m), am Schluß des 35 Kilometer langen Gasteiner Tales an der Bundesstraße 167. Eisenbahn, Postbusse. Hotels, Gasthöfe, Pensionen, Jugendherberge, Zeltplatz. Schwimmbad. *Sehenswürdigkeiten:* Badeschloß mit klassizistischem Tor, gotische Nikolauskirche.
Böckstein (1131 m), an der Mündung des Naßfeldertales ins Gasteiner Tal. Postbusverbindungen. Gasthöfe, Pensionen.
Sportgastein (1588 m), im Naßfelder Tal, 5,2 Kilometer von Böckstein (Mautstraße). Busverbindungen mit Böckstein und Badgastein. Hotel, Restaurant.
Mallnitz (1190 m), am Südausgang des Tauerntunnels an der Bundesstraße 106 a. Hotels, Gaststätten, Pensionen.
Unterkünfte: *Gasthof Prossau* (1271 m), im Kötschachtal, 10,5 Kilometer vom Bahnhof Badgastein. Betten und Lager. Bus von Badgastein über Hotel Grüner Baum.
Biwak »Ali lanti« (2663 m), Österreichischer Alpenverein, in der Kleinelendscharte. Kochgelegenheit, 4 Lager, Decken; immer geöffnet. In einer ehemaligen Gondel der Stubnerkogelbahn. Vom Gasthof Prossau 4 Stunden.
Osnabrücker Hütte (2030 m), Deutscher Alpenverein, im Großelendtal östlich des Ankogel. Betten und Lager, Winterraum offen. Vom Biwak »Ali lanti« etwa 3 Std., vom Stausee-Hotel (Busse von Gmünd) an der Samerboden-Staumauer 2 Stunden.
Hannoverhaus (2719 m), Deutscher Alpenverein, am Tauernhauptkamm auf der Arnoldhöhe westlich des Ankogels. Betten und Lager, Winterraum offen. Von der Osnabrücker Hütte 3¾ Stunden, von der Bergstation der Ankogel-Seilbahn 10 Minuten.
Mindener Hütte (2428 m), Deutscher Alpenverein, südlich der Gamskarlspitze. Selbstversorger, Trinkwasser bei der Hütte, bewartet Mitte Juni bis Mitte September, 14 Lager. Vom Hannoverhaus etwa 3 Stunden.
Hagener Hütte (2446 m), Deutscher Alpenverein, am Mallnitzer Tauern. Betten und Lager, Winterraum offen. Vom Hannoverhaus 6 Stunden, von Sportgastein 2¾ Std.
Valeriehaus (1588 m), privat, im hintersten Naßfelder Tal. Übernachtungsgelegenheit. Busverbindung mit Böckstein-Badgastein.

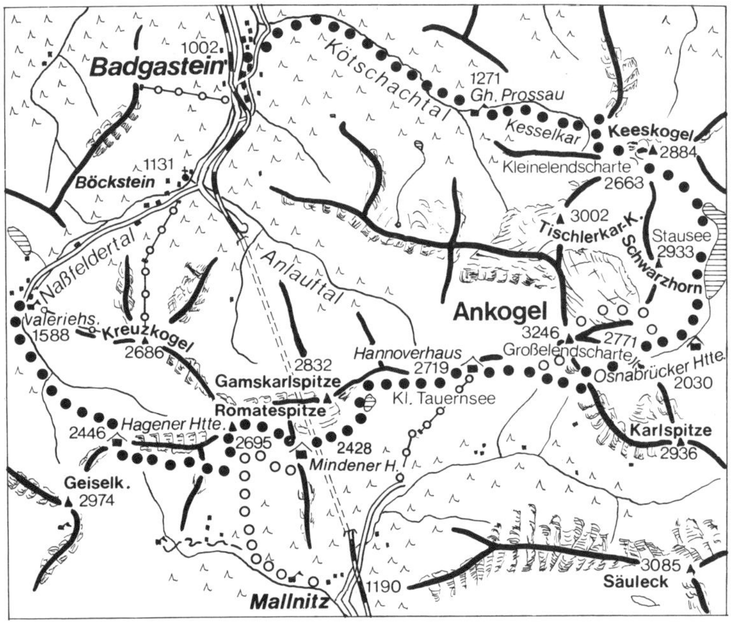

Der Ankogel von Westsüdwest, vom Plattenkogel aus.

Berchtesgadener Alpen

Tour 18

Matrashaus auf dem Hochkönig

Sonnenaufgang beim Matrashaus. Die Helle schwebt hinter dem Dachstein hervor, umfaßt die höchsten Bergspitzen, greift tiefer, kriecht langsam in die Täler, um sie schließlich ganz auszufüllen. Im Süden fangen die Gletscherfelder der Hohen Tauern an zu leuchten. Schatten sorgen für Kontraste und lassen die Gipfel hervortreten: Großglockner, Hocharn, Sonnblick, Ankogel. Weiter links, vorgerückt, die Radstätter Tauern. Im Osten über dem Salzachtal das höhlenreiche Tennengebirge mit Raucheck und Eiskogel, westlich, hinter dem Hochseiler, das Steinerne Meer. Jenseits des waldgrünen, wildreichen Blühnbachtales im Norden die weitläufigen Karrenflächen des Hagengebirges.

Sonnenaufgang beim Matrashaus – ein Gipfelerlebnis auf der höchsten Erhebung der Berchtesgadener Alpen, auf dem Hochkönig. Sehen wir uns in der Nähe um, erkennen wir die charakteristische Übergossene Alm – »übergossen« mit einem 150 Hektar großen Firnfeld, das sich vor hundert Jahren noch über 550 Hektar ausbreitete. Das Plateau steigt nordwärts an; den Rand säumen kronenähnlich felsige Gipfel mit gewaltigen Steilabbrüchen auf der anderen Seite, teilweise über 1000 Meter. Die Übergossene Alm – eine Laune der Natur? Da das Gebirge hier hauptsächlich aus Kalk und Dolomit besteht, entstanden bei seiner Bildung keine Falten, wie in den meisten Teilen der Nördlichen Kalkalpen, sondern Plateaus, an deren Bruchrändern Auf- und Übereinanderschiebungen auftraten. Soweit die geologische Betrachtung zur Struktur der Hochkönigsgebietes, in alten Schriften das »Ewige Schneegebirge«.

Aufbruch ist am *Arthurhaus*. Links oben türmt sich die bizarre Gipfelwelt der Manndlwandgruppe: Sattel- und Gamsköpfe, Schneeklammköpfe, Törlwiestürme, Vierrinnenköpfe usw. Man kann sie gar nicht einzeln aufzählen!

Nach einer halben Stunde, auf der *Mitterfeldalm* (1668 m) bietet sich Gelegenheit zur Brotzeit. Während der nächsten vier Stunden gibt es keine Hütte mehr.

Das alte Matrashaus auf dem Gipfel des Hochkönig (vor dem Brand von 1982).

Durch die Ostseite der Manndlwand gelangt man ins Untere Ochsenkar, wo Latschen zwischen Geröllflecken wachsen. Am *Ochsenriedel* stehen einzelne Lärchen auf den Hängen. Unsere Route schlägt nun die Westrichtung ein. Der Weg wurde schon in den sechziger Jahren des vorigen Jahrhunderts von Salzburger Alpenvereinsmitgliedern angelegt.

Unmittelbar am Pfad schnellt die Torsäule hoch. Ihr Südwand-Einstieg befindet sich bei einem auffallend dreieckigen Felsloch. Wir queren die Basis der Wand und gelangen durch Blockwerk zu einer Quelle. Südlich erhebt sich der Kleine Bratschenkopf mit seiner zahmen Nordflanke. Jetzt haben wir etwas mehr als die Hälfte des Hüttenweges hinter uns. Aus dem hinteren Oberen Ochsenkar geht es hinauf zum Schartensteig. Weit im Osten ist der Dachstein auszumachen. Bald werden wir das erste Firnfeld der Übergossenen Alm betreten. Bei schlechter Sicht dienen Stangen der Wegfindung über das Schneefeld zum Vorfelsen des Gipfels. Im »Klamml« sind Sicherungen angebracht, so daß auch dieser letzte Aufschwung zum *Hochkönig*gipfel und zum *Matrashaus* spielend genommen werden kann.

Auf der Südseite wird vornehmlich der Weg über die Bertgenhütte eingeschlagen, aber erst im Hochsommer, wenn das Schneekar weitgehend ausgeapert ist. Dieser Aufstieg bietet den Reiz einer zusätzlichen Gipfeltour auf den Hochseiler – sofern Können und Erfahrung vorhanden. Alpin wird das Gelände hinter der *Bertgenhütte*. Ein Geröllpfad durchzieht den Hang des Schneekares zu Füßen der Südabstürze des Hochseilers.

Neben einem kleinen Firnfeld steil hoch, oberhalb der Randkluft eine Rinne benützen und danach schräg nach rechts. Rippen und Gräben stellen sich in den Weg. Gelegentlich hilft ein Drahtseil. Plattig zu einem Geröllfeld, durch griffige Rinnen zu einem Grat und zu zwei gähnenden Felstoren, gewölbt, von einem Mittelpfeiler gestützt. Das sind die »Teufelslöcher«, die schon vom Tal aus zu sehen sind. Für uns gilt das rechte, östliche Loch. Es leitete zum Firn der Übergossenen Alm.

Links ginge es über den 1903 vom Österreichischen Touristenklub geschaffenen Mooshammersteig in ¾ Stunden zum Gipfel des Hochseilers: rot markiert, im Kamin durch Eisenklammern gesichert, ausgesetzte Gratschneide.

Der Hochkönigsweg wendet sich rechts. Auch hier rote Farbtupfer, leichte Kletterei, ab und zu eine Sicherung. Und schon eine Stunde nach den »Teufelslöchern« stehen wir auf dem *Hochkönig*, einem der sieben höchsten Berge der Nördlichen Kalkalpen.

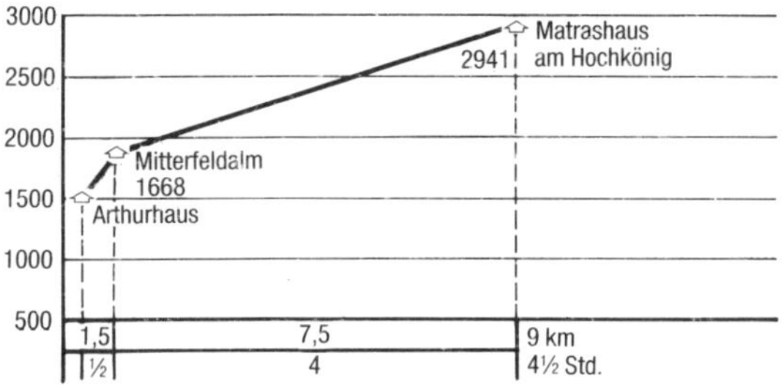

Touristische Angaben

Gehzeiten: Gewöhnlicher Hüttenweg vom Arthurhaus (Straße von Mühlbach, Busverkehr), unschwierig, 4½ Stunden. Von Werfen über die Ostpreußenhütte etwa 9 Stunden, unschwierig; von Werfen mit Auto bis Dielalm 1¼ Stunden kürzer. Von Hintertal über die Bertgenhütte etwa 5½ Stunden, I+. Von Punkt 1250 (Parkplatz) der Hochkönigstraße zwischen Dienten und Dientner Sattel zur Erichhütte und auf einem Klettersteig durch das Birgkar, etwa 5 Stunden.

Günstigste Jahreszeit: Juni bis Oktober.

Talorte: *Mühlbach* (859 m), Ferienort an der Hochkönigstraße zwischen Bischofshofen (9 km, nächster Bahnhof, Busverbindungen) und Saalfelden (33 km). Gasthöfe, Pensionen, Bergsteigerheim des Österreichischen Touristenklubs, ganzjährig bewirtschaftet. 31 Betten, 31 Matratzenlager. Ausgangspunkt der Mühlbacher Hochkönigstraße (6 km) zum Arthurhaus.

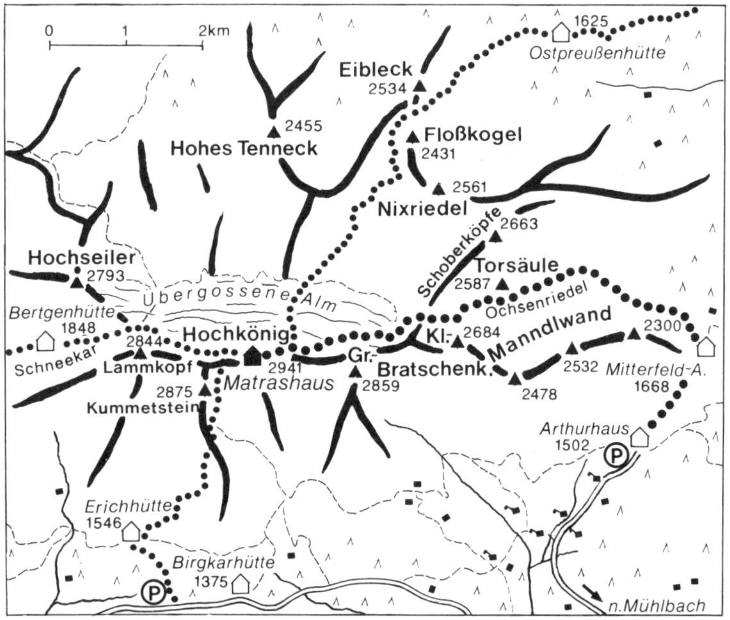

Dienten (1078 m), kleiner Ferienort an der Hochkönigstraße zwischen Mühlbach (14 km) und Saalfelden (20 km). Busverbindungen.

Hintertal (1016 m), Bergdorf zu Füßen des Steinernen Meeres, westlich des Hochkönigs. Zufahrt von der Hochkönigstraße zwischen Maria Alm und Dienten. Busverbindungen.

Werfen (548 m), Marktflecken im Salzachtal zwischen Hochkönig und Tennengebirge, 52 Kilometer von Salzburg (Autobahn und Bundesstraße 159). Gasthöfe, Pensionen. Eisenbahn und Busverbindungen. Sehenswürdigkeiten: Burg Hohenwerfen aus dem 11. Jahrhundert, stattliche Anlage. Werfener Eishöhle, größte der Welt; Führungen zwischen Mai und Oktober. Zugang über das Dr.-Friedrich-Ödl-Haus (Seilbahn ab Wimmerhütte, zu der von Werfen eine Straße führt).

Unterkünfte: *Matrashaus* (2941 m), offizieller Name Franz-Eduard-Matras-Haus, Österreichischer Touristenklub, bewirtschaftet von Juni bis Oktober, von März bis Juni nur an Wochenenden. 16 Betten, 84 Lager, offener Winterraum. Neubau (nach Brand 1982) von 1984 auf achteckigem Grundriß entsprechend den modernen Hütten des Schweizer Alpenclubs.

Arthurhaus (1502 m), privat, ganzjährig bewirtschaftet. 40 Betten, 24 Matratzenlager. Straße von Mühlbach (6 km).

Bertgenhütte (1845 m), Österreichischer Touristenklub, unbewirtschaftete Selbstversorgerhütte. 22 Matratzenlager. Von Hintertal 2 Stunden, von der Erichhütte 3 Stunden.

Erichhütte (1546 m), Österreichischer Alpenverein, bewirtschaftet von Mitte Juni bis Mitte Oktober. 6 Betten, 14 Matratzenlager, 6 Notlager. Von Punkt 1250 (Parkplatz) der Hochkönigstraße 40 Minuten, vom Birgkarhaus ½ Stunde.

Birgkarhaus (1375 m), privat, am Dientner Sattel der Hochkönigstraße, ganzjährig bewirtschaftet, 48 Betten.

Ostpreußenhütte (1625 m), Deutscher Alpenverein, im Sommer bewirtschaftet. 24 Betten, 30 Matratzenlager. Von der Blühnbachalm (Fahrsträßchen von Werfen) 20 Minuten.

Gipfelziele: *Großer Bratschenkopf* (2859 m), unschwierig, 40 Minuten. *Kummetstein* (2875 m), unschwierig, 20 Minuten. *Lammkopf* (2844 m), unschwierig. *Hochseiler* (2793 m), I–II, einige Eisenklammern, von den »Teufelslöchern« ¾ Stunde.

Unter der Manndlwandgruppe am Hüttenweg vom Arthurhaus über die Mitterfeldalm. Am rechten Bildrand die Törlwies- und die Schneeklammköpfe, links der Hochstellkopf.

Salzkammergutberge

Tour 19

Die quergestreiften Berge über der Postalm

Vielleicht haben Sie sich während eines Salzkammergut-Urlaubs oder beim Studium der Landkarte schon einmal über die seltsame Form des Wolfgangsees gewundert. Schuld an seiner »Fast-Zweiteilung« ist der unscheinbare Zinkenbach, der im Verlauf von etwa 20000 Jahren an die 164 Millionen Kubikmeter Sand, Schotter und Geröll nach Norden in den See verfrachtet hat. Auf diese Weise ist jener charakteristische Schwemmkegel entstanden, der sich – wie es scheint – unbeirrbar auf den Wallfahrtsort St. Wolfgang am anderen Seeufer zuschiebt und nur mehr einen 200 Meter breiten »Wasserkorridor« für die Wolfgangsee-Schiffahrt freigelassen hat.

Die Kinderstube dieses Baches versteckt sich in einem überaus interessanten Gebiet, nämlich in der sogenannten Osterhorngruppe der oberösterreichischen und Salzburger Voralpen. Die Gipfel dieser Gebirgsgruppe sehen irgendwie alle recht ähnlich, wie auf dem Reißbrett konstruiert, aus: Waagrechte Bänder von Barmsteinkalken durchziehen die Flanken in fast regelmäßigen Abständen und verschaffen ihnen ein zebraartiges Aussehen. Rauhe Lawinenstriche, an deren Ende sich der Altschnee oft bis in den Sommer hinein hält (»Eiskapellen« werden solche Gebilde genannt), geben den einfachen, grünverwachsenen Pyramidenflächen einen ganz eigenartigen Charakter. Die Kalkflächen, die sich da und dort sogar mit sonst ortsunüblichem Flyschgestein mischen, verwittern an der Oberfläche zu regelrechten »Steingerippen« und sind auch für das höhlenreiche »Innenleben« der Osterhorngruppe verantwortlich. Zwischen den Gipfelzacken breitet sich im Frühsommer ein einziger Blumenteppich aus – Anfang Juli »brennen« manche der Hügel in ihrer Almrauschpracht!

Der ungewöhnliche, schon ein wenig an die Schweizer Voralpen erinnernde Gebirgsaufbau ermöglichte auch eine besondere Ausbreitung der Almwirtschaft. Kaum woanders in den Alpen finden sich so viele Betriebe auf so engem Raum beisammen! Zwischen der Spielbergalm im Westen und der Postalm im Osten stolpert man immer wieder über Weidegatter, sömmerndes Vieh und blitzsaubere Almhütten. Allein rund um die Postalm verbringen mehr Rinder die warme Jahreszeit als auf den übrigen Salzkammergut-Almen zusammen. Der Grund für diese »Almidylle« in Zeiten des Almsterbens liegt im massiven Bau von Erschließungsstraßen, die seit den sechziger Jahren spinnennetzartig durch die Hänge gesprengt worden sind. Leider zieht der Bauboom noch andere Konsequenzen mit sich: In der Folge wurden die Postalm und die Spielbergalm zu Skiliftschaukeln verdrahtet; und auf den Almwegen stauen sich heute oft die Autos der Ausflügler.

Unnötig zu erwähnen, daß das »goldene Tourismuskalb« eben auch manche unverzeihliche Bausünde rechtfertigt – da eine neue Liftanlage, hier eine weitere Straßenverbreiterung, dort ein Berghotel, wo gestern noch eine bescheidene Holzhütte stand... Und selbst die so idyllisch im Gras lagernden Kühe sind auch nicht mehr das, was sie einmal waren: Durch langes Stehen in ihren heimatlichen (meist Abtenauer) Stallboxen fast gehunfähig geworden, müssen sie per Traktorlader herauf- und im Herbst wieder ins Tal gekarrt werden.

Immerhin ist mit der Erhaltung einer noch halbwegs landschaftsangepaßten Almwirtschaft das prägende Element der Osterhorngruppe, das reizvolle und ökologisch aufeinander eingespielte Nebeneinander von Natur- und Kulturlandschaft, bestehen geblieben.

Wir machen uns also auf den Weg in dieses reizvolle Stück Salzkammergut – nachdem die *Postalm* natürlich von einer Postbuslinie angefahren wird, auf recht gemütliche Art (Ausgangspunkt für die Busse ist *Strobl am Wolfgangsee* an der Bundesstraße zwischen Bad Ischl und Salzburg). Die Wanderschuhe brauchen wir erst auf 1200 Meter Seehöhe zu schnüren. Zunächst empfiehlt sich einmal der Abstecher über die bewirtschaftete *Wiesleralm* (1361 m) auf das 1603 Meter hohe *Wieslerhorn*. Der kleine Ausflugsklapf, von den Einheimischen liebevoll »Wieselehörndele« genannt, schenkt uns an klaren Tagen eine prächtige Aussicht, deren Glanzpunkt natürlich der genau gegenüberliegende Schafberg darstellt.

Wieder zurück im Postalmgebiet, schwenken wir nach Westen ein und folgen dem Weg Nr. 840 zum *Gasthof Huber* und weiter in den Sattel zwischen der *Labenberg-* und der *Pitschenbergalm*. Nach und nach kommt im Süden ein Felszacken nach dem anderen zum Vorschein, bis zum Schluß der gesamte Gosaukamm in voller Pracht vor uns liegt. Gipfelsammler werden den südlich aufragenden *Labenberg* (1642 m) natürlich nicht auslassen – er ist nach einer Stär-

Auch die vielbesuchte Postalm hat ihre stillen Ecken – im Bild der Blick über das Zinkenbachtal zum Osterhorn.

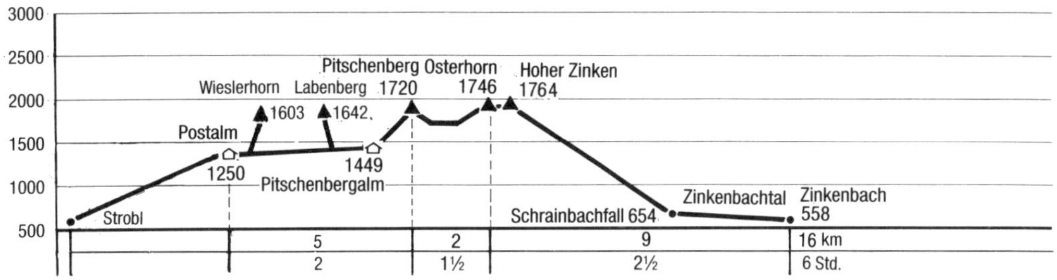

Vom Pitschenbergkreuz schauen wir über die Postalmmatten in die rauhe Gipfelwelt um den Rettenkogel hinüber.

kung auf »seiner« Alm ohne Markierung, aber unproblematisch zu erklimmen.

Schließlich wandern wir aus dem genannten Sattel rechts zur *Pitschenbergalm* hinauf. Hier ist im Sommer meist ebenfalls eine kräftige Almjause zu haben. Der Weiterweg auf den nun schon nahen *Pitschenberg* (1720 m) bzw. durch die Wald- und Grassenke zum »Namensgeber« der Gebirgsgruppe, dem *Osterhorn* (1746 m), gehört uns dann meist schon allein.

Der Steig wird ab dem Pitschenberggipfel recht schmal – bei Nebel heißt's hier aufpassen, denn auch die Markierungsstriche wurden nur mehr sporadisch angebracht. Der eigentliche Hauptgipfel, der *Hohe Zinken* (1764 m), krönt unsere Tour noch mit dem Blick zum im Süden ausgebreiteten Dachsteingebirge. Dann folgen wir den engen Steigspuren,

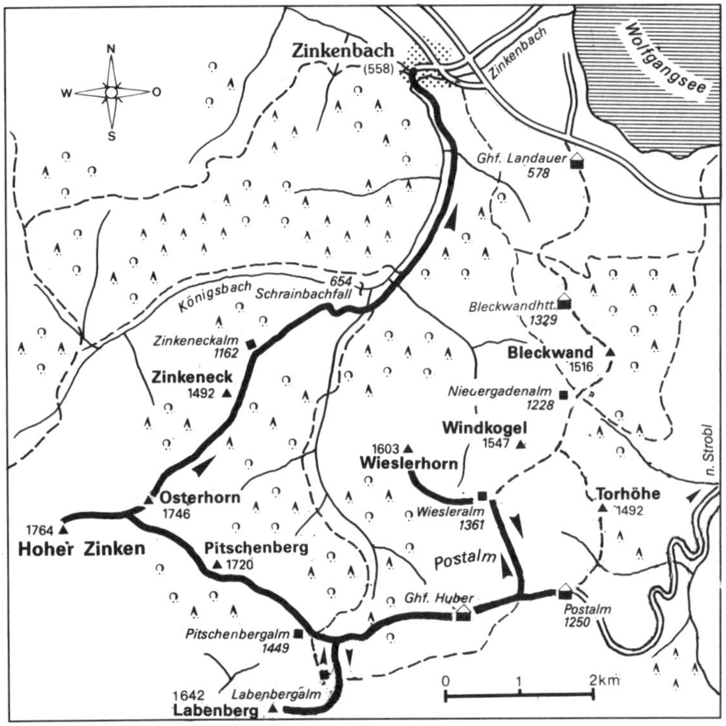

die vom Osterhorn nach Nordosten, direkt auf den fernen Wolfgangsee zuführen. Die *Zinkeneckalm* (1162 m) eignet sich noch einmal zur aussichtsreichen Rast, bevor wir auf alten Almwegen durch den Zinkeneckwald zum Schrainbach-Wasserfall hinunterrutschen. Zuletzt erwartet uns noch ein etwas fader »Straßenhatscher«, den man sich allerdings durch eine Pause am munter dahingurgelnden Zinkenbach erleichtern kann.

In *Zinkenbach* angekommen, sollte man im Hochsommer auf jeden Fall noch einen »Köpfler« in den See anschließen – beim Schwimmen in den klaren Wellen sehen wir alle unsere Gipfelziele noch einmal über dem Ufer aufgezeilt.

Touristische Angaben

Ein- bis Zweitagestour im voralpinen, aber trotzdem stellenweise nicht ganz harmlosen Gelände. Besonders schön im Frühsommer zur Blütezeit!

Gehzeiten: Postalm – Wieslerhorn und retour 3 Stunden. Postalm – Sattel zwischen Labenberg- und Pitschenbergalm 1½ Stunden. Abstecher auf den Labenberg und zurück 2 Stunden. Über die Pitschenbergalm und den Pitschenberg zum Hohen Zinken 2 Stunden. Abstieg über das Osterhorn nach Zinkenbach 2½ Stunden.

Zu bewältigende Steigungen: Ohne Wieslerhorn und Labenberg 1100 Meter im Auf- und 1700 Meter im Abstieg. Die beiden zusätzlichen Gipfel erfordern jeweils 200 Meter im Auf- und Abstieg.

Günstigste Jahreszeit: Mai bis November.

Talorte: *Strobl und Zinkenbach* (550 m), Tourismusorte am Wolfgangsee. Sehenswert: Aberseer Heimathaus (Museum in einem 480 Jahre alten Bauernhof), Schrainbachwasserfall, St. Wolfgang (Schiffsverbindung) mit dem weltbekannten gotischen Pacher-Altar und der Zahnradbahn auf den 1782 Meter hohen Schafberg.

Unterkünfte: Mehrere Gasthöfe im Bereich der Postalm, privat, meist ganzjährig bewirtschaftet.

Karte: Freytag & Berndt-Wanderkarte 1:50000, Blatt 392: Tennengebirge/Lammertal/Gosaukamm.

Dachsteingebirge

Tour 20

Vom Gosausee zur Südwandhütte

Im Dachsteingebirge begegnen wir sowohl rassigen Felsbergen als auch weitläufigen Gletscherfeldern – eine Seltenheit in ostalpinen Gebirgen. Dieser landschaftliche Reichtum ergibt sich aus der Zweiteilung des Gebietes in den Dachstein-Hauptkamm und den Gosaukamm.

Im Dachstein-Hauptkamm zwischen Windlegerscharte und Koppenkar erhebt sich der Dachstein, nach der Parseierspitze der zweithöchste Gipfel der Nördlichen Kalkalpen; im Nordosten und Nordwesten ummanteln ihn Gletscher, im Süden ragt seine 800 Meter hohe Felsbastion auf.

An den Hauptkamm schließt sich im Westen der Gosaukamm an, eine hochgetürmte Welt aus Zacken, lotrechten Kanten und glatten Pfeilern. Das Wahrzeichen dieses Kammes und zugleich seine höchste Spitze ist die Bischofsmütze, die als Kletterberg berühmt ist.

Der Gosaukamm bildet die malerische Einfassung des Gosausees von Nordwesten. Am nordwestlichen Ende des Sees steht ein Gasthaus, das Ausgangs- und Endpunkt unserer Wanderung ist. Es liegt verkehrstechnisch sehr günstig: Bahnzufahrt ist im Norden die von der Hauptstrecke Linz–Salzburg abzweigende Strecke Attnang–Irdning. Haltestelle für den Gosaukamm Station Steeg–Gosau; von dort besteht regelmäßige Busverbindung über Gosau zum See. Per Pkw benutzt man die B 166 (Golling–Bad Goisern) und zweigt in Gosau ab.

Der Gosausee ist ein Wunder der Alpen, stellenweise 70 Meter tief, über 1000 Meter in das Gebirge eingebettet. Ein Spaziergang auf dem Uferweg, dem »Gosau-Reitweg«, lohnt sich der schönen Ausblicke wegen. Im Hintergrund ragen gleich einem riesenhaften Burgwall über dem Gosaugletscher das Hohe Kreuz auf und der Dachstein, der Mitterspitz, der Torstein, die Schneebergwand und der Hochkesselkopf – ein Bild, wie man es nie mehr findet.

Wir aber beginnen unsere Wanderung auf der Höhe, auf dem *Austriaweg*, dem ersten Teil unserer langen Tour. Je mehr man sich von der *Gablonzer Hütte* entfernt, desto achtunggebietender erscheint der Gosaukamm. Oberhalb der *Stuhlalm* thronen die klobigen Angersteine. Daran schließt sich die Manndlkogelgruppe an, die weitverzweigteste Gruppe im Gosaukamm, der hier schwach südostwärts verläuft. Gipfel reihen sich an Gipfel viele hundert Meter hoch über unserem Wanderweg: Zahringzähne, Zahringkogel, Geisterkogel, Wasserkarkogel, der dem Kamm vorgelagerte Akademikerkogel, der Sternkogel über mehr oder weniger ausgeprägten Spitzen bis hin zur Großwand.

Im sogenannten »Durchgang« müssen wir etwas aufpassen, weil die Holzstufen in der Schlucht oft in schlechtem Zustand sind. Blockkare wechseln ab mit Almen, auf denen weitverstreut kleine Hüttchen stehen und die Sommermonate über das Vieh weidet.

Bei der *Hofpürglhütte* bestimmt im Norden die Große Bischofsmütze das Bild. Um das Gipfelkreuz zu erreichen, muß mindestens der Schwierigkeitsgrad II+ beherrscht werden. Das ist der gebräuchliche Anstieg durch die »Mützenschlucht« von Süden! Für den Aufstieg rechnet man ab der Hütte 3 Stunden.

Von der Hofpürglhütte geht es hinunter zum *»Kessel«*, einer Karmulde unter dem Steiglpaß, in der rechts unser Weg in Richtung Südwandhütte abzweigt. Bis dorthin sind es aber noch 5 Stunden. Bei der *Sulzenschneid* angekommen, sehen wir im Norden die stattliche Felsgestalt des Hochkesselkopfes mit seiner markanten Südwestverschneidung. Das *Windlegerkar* wird durchschritten. Und schon bald sind wir an der Basis des Torstein-Südwestgrates. Vor uns erhebt sich jetzt der kilometerlange Südwandwall zwischen Torstein und Dirndl. Eine Wand erscheint mächtiger als die andere – 800, 850, 900 Meter hoch sind sie zum Teil. Verschwenderischer als auf dem folgenden Weiterweg zur *Südwandhütte* könnte die Fülle von Eindrücken und Ausblicken nicht mehr sein! Die Niederen Tauern sind zum Greifen nah, und von der Hütte öffnet sich dann der berühmte Nahblick in die Dachstein-Südwand. Hier, auf dem Schönbühel, offenbart sich einer der landschaftlichen Höhepunkte im Dachsteingebirge.

Auch der Rückweg begeistert uns durch immer neue Landschaftsbilder. Wieder im »Kessel« angekommen, konzentriert man sich auf den Zickzackweg empor in den *Steiglpaß*. Die Felsstufe ist drahtseilgesichert. Jenseits zeigt sich der Gosaukamm mit seinen Nordostwänden; herausragend die Däumling-Säule. Links von dem Steiglweg, auf einer Kuppe, erinnert eine Kapelle an abgestürzte Kletterer.

Der lichte Lärchenwald geht in dichten Mischwald über. Eine Jagdhütte sowie gute 10 Minuten später die unbewirtschaftete Scharwandhütte der Linzer ÖAV-Jungmannschaft

Am Vorderen Gosausee, darüber der Dachstein mit dem Gosaugletscher.

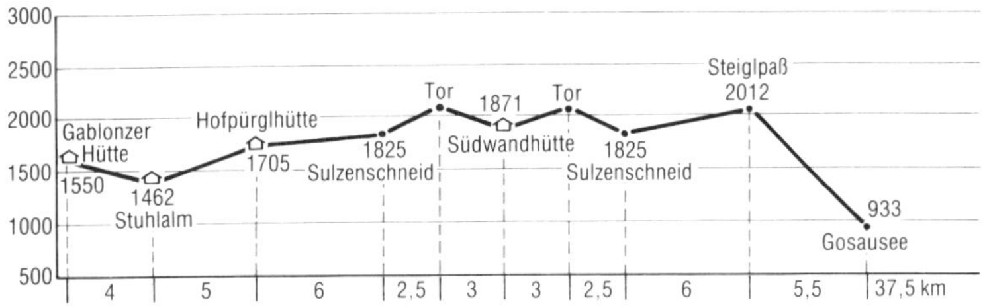

bleiben zurück. An der Gabelung (1185 m) hält sich der Steiglweg (Nr. 612) rechts, hinunter an die Staumauer des Vorderen Gosausees. Jenseits erstreckt sich in prachtvoller Lage die Nordostseite des Gosaukammes. Zunächst verlangt aber noch der Abstieg unsere Aufmerksamkeit, dann, in der tiefen Mulde der Eisgrube fällt der Blick auf die Felssäule des Däumlings.

Auf den saftigen Wiesenböden der *Hinteren Scharwandalm* erinnert eine kleine Kapelle an die vielen, im Gosaukamm abgestürzten Bergsteiger. Abschließend führt uns der »*Steiglweg*« über die *Scharwandhütte* 400 Meter oberhalb des Gosausees zurück zum Ausgangsort.

Touristische Angaben

Wanderung, die Trittsicherheit und Schwindelfreiheit voraussetzt. Beste Einteilung: 1. Tag: Hofpürglhütte, 2. Tag Südwandhütte, 3. Tag zurück (8–9 Stunden) zum Gosausee.
Gehzeit: etwa 2½ Tage.
Zu bewältigende Steigung (ab Gablonzer Hütte): etwa 1100 Meter.
Günstigste Jahreszeit: Anfang Juli bis Ende September.
Talorte: *Vorderer Gosausee* (933 m), 8 Kilometer von Gosau (Busverbindung), großer Parkplatz. Gasthof.
Unterkünfte: *Gablonzer Hütte* (1550 m), Deutscher Alpenverein, etwa 300 Meter (50 Höhenmeter) von der Bergstation der Gosaukamm-Bahn; zu Fuß vom Vorderen Gosausee 1½ Stunden. Betten und Lager.
Stuhlalm (1462 m), Touristenverein Naturfreunde, südwestlich vom Angerstein, unweit der Theodor-Körner-Hütte (Akademische ÖAV-Sektion Wien) am Austriaweg, 1½ Stunden von der Gablonzer Hütte. Selbstversorger, 15 Lager. Im Sommer bewartet, bis Oktober.
Hofpürglhütte (1705 m), Österreichischer Alpenverein, südöstlich der Bischofsmütze, Betten und Lager, Winterraum offen. Von der Stuhlalm etwa 2½ Stunden.
Dachstein-Südwandhütte (1871 m), privat, südlich des Kammes Dachstein-Hunerkogel. Betten und Lager. Von der Hofpürglhütte etwa 5 Stunden.

Blick über die Austriahütte (Vordergrund) zur Türlwandhütte und zur Dachsteinsüdwandhütte. Darüber von links: Mitterspitz, Dachstein (Südwand) und Dirndln.

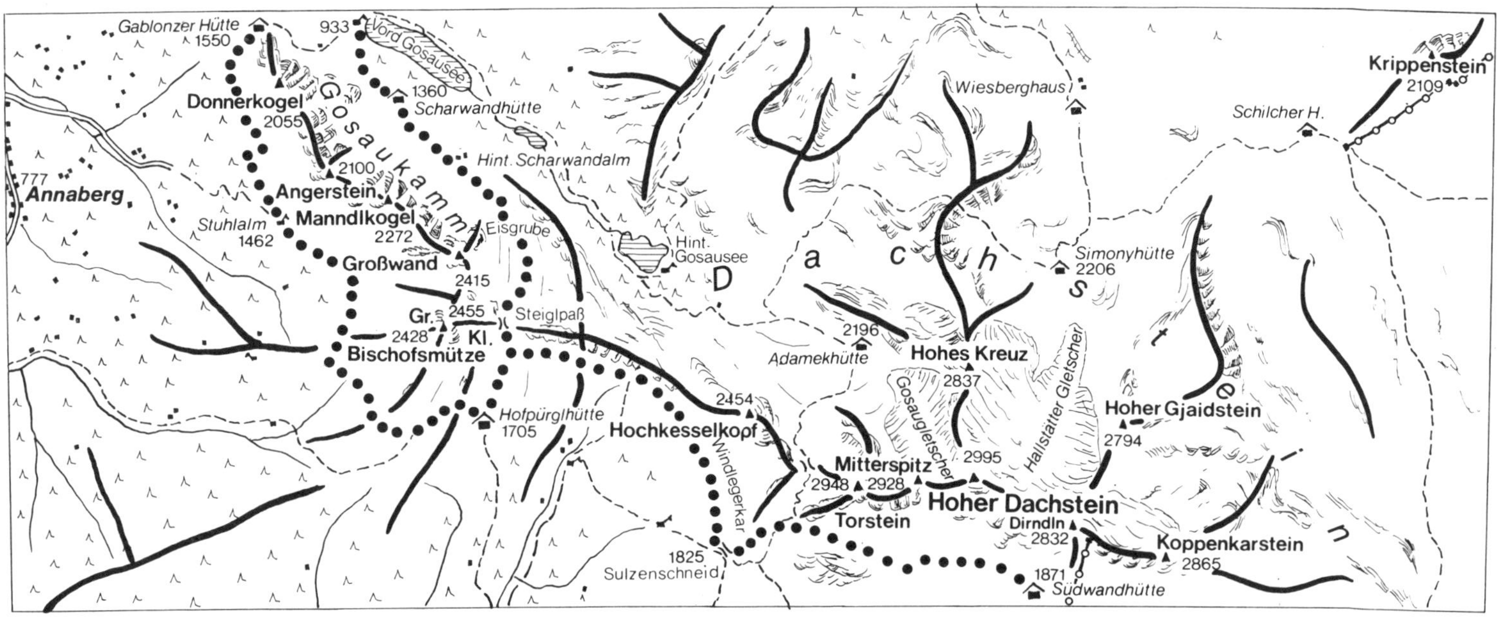

Totes Gebirge

Tour 21

Unterwegs im größten Karstplateau der Alpen

Die Frage nach der größten Wüste Österreichs ist kein Witz: Sie verbirgt sich hinter respektablen Felsabstürzen, weltfernen Karen und unwegsamem Kampfwald im nicht nur sogenannten »Toten Gebirge«. Das mehr als 1100 Quadratkilometer große Massiv ist jedoch auch ein vielgestaltiges Wanderrevier mit weitgestreckten, grünen Alm-Oasen, etlichen beliebten Aussichtsgipfeln – allen voran der Große Priel, der 2515 Meter hohe »Hausherr«, die formschöne, aber recht brüchige Spitzmauer (2446 m) oder der Schermberg (2396 m) mit seiner gewaltigen Nordwand, die zu den höchsten der Alpen zählt. Die »normalen« Bergwanderer lernen meist nur den Nordrand der gewaltigen Karstwüste kennen, und zwar im Bereich des Priels und auf dem »Ausseer Weg«, den der Kaiser einst als Reitsteig anlegen ließ.

Doch auch hier, an der Schnittstelle zwischen dem Stodertal und dem Almsee im oberösterreichischen und dem steirischen Salzkammergut, ist der landschaftliche Eindruck mehr als packend: Hier liegt das Modell einer Mondlandschaft – wasserlos, flirrend heiß unter der Sonne eines Hochsommertages, gespenstisch einsam im Schnee, ein undurchdringliches Labyrinth im Nebel. Da und dort klebt noch ein Latschenwuschel im Fels, bringt sich ein Grasbüschel mit ein paar Blütensternen fort, ansonsten breitet sich jedoch nur nackte Felsöde aus. Kilometerweit gliedern Dolinen in allen Größen die karge Gegend – vom Bombentrichter bis zu solchen mit einer Gehstunde Umfang. Da und dort gähnen unvermittelt Löcher in den Karstplatten. In den fünfziger Jahren stürzte ein Skibergsteiger in einen dieser Schlünde – dreißig Jahre später und 500 Meter tiefer (!) wurden seine Gebeine bei einer Höhlenexpedition gefunden. Abseits der markierten Steige ist mit dem Toten Gebirge nicht zu spaßen – das haben auch schon gewiefte Bergwanderer am eigenen Leib erfahren.

Das größte Problem einer Überquerung des Toten Gebirges ist meist die Frage, wie man vom Ausgangs- zum Endpunkt zurückkommt. Wir wählen daher das Almtal als Startplatz. Vielleicht haben wir Glück und erwischen einen freundlichen Autofahrer, der uns vom *Gasthaus Jagersimmerl* die paar Kilometer durch das Stranecktal zum *Almtaler Haus* (714 m) mitnimmt – dann haben wir nämlich mehr Zeit, den nahen Ödseen einen Besuch abzustatten. Anschließend geht's durch die *Hetzau* an den Fuß der »Grundmauern«, der Basis der 20 Kilometer langen Nordabstürze. Diese werden mit Drahtseilsicherungen überlistet; weiter oben hilft auch eine Leiter über die Felsstufe unterhalb der modernen *Welser Hütte* (1726 m) hinweg. Die Lage des Schutzhauses direkt unter der Priel-Nordwand ist schon allein einen Besuch wert.

Anderntags klettern wir auf dem wiederum gesicherten Steig an der Lacke der Teichln-Quelle vorbei in den *Fleischbanksattel* (2123 m) hinauf. Von hier aus kann man den *Priel* leicht »mitnehmen«; der Steig führt ohne größere Probleme über einen Schuttrücken und den luftigen, aber gutartigen Westgrat zum massiven, einst von Kaiser Franz Josef gestifteten Kreuz empor.

Der »Ausseer Weg« leitet uns jedoch über die Hochfläche in welligem Auf und Ab nach Südwesten, unter dem Schermberg vorbei (auch er kann leicht erstiegen werden) und auf das Rotg'schirr (2270 m) zu. Hinter den unbedeutenden »Hohen Kögeln« (2059 m) senkt sich das Schneetal ein; jenseits baut sich die Burg des Feuertalberges (2376 m) auf. Wenn wir auf der Höhe des Rotkogelsattels (2000 m) den Knick der Plateau-Süd- bzw. Südwestabdachung erreicht haben, sehen wir über die Ofenkögel ins Zentralplateau und zur völlig einsamen Berggruppe der Weißen Wand (2198 m) und der Plankermira (2178 m) hinüber. Dazwischen liegen sieben Kilometer Wüste!

Durch die Grube der *Elmzageln* am Fuß des schön geschwungenen Rotg'schirr-Südgrats wandern wir zur Wandstufe des »Rauhen Elms«, den »Grundfesten« des Elmbergs (2128 m). Das Wasser der Geiernestquelle tröpfelt aus dem schwarzen Fels; es kündigt uns schon die nahe *Pühringerhütte* (1637 m) an.

Das urgemütliche Schutzhaus liegt gleich oberhalb des Elmsees, der einen freundlichen Akzent in die trockene Latschenlandschaft bringt. Wer länger Zeit hat (und die sollte man sich hier nehmen!), kann mit wenig Aufwand zu den beiden Lahngangseen hinunterwandern – dort wird die Gegend richtig lieblich. Ansonsten steigen wir von den ehemals kaiserlichen Jagdhütten in der *Elmgrube* (1622 m) in den Sattel des *Abblasbühels* (1837 m) hinauf. Hoch über uns zirkelt die glatte Mauer des *Salzofens* (2070 m) ihr Rund gegen

Nach einem sommerlichen Wettersturz kann das Plateau des Toten Gebirges zum gefährlichen Schnee- und Nebellabyrinth werden. Im Bild der Schermberg »von hinten«.

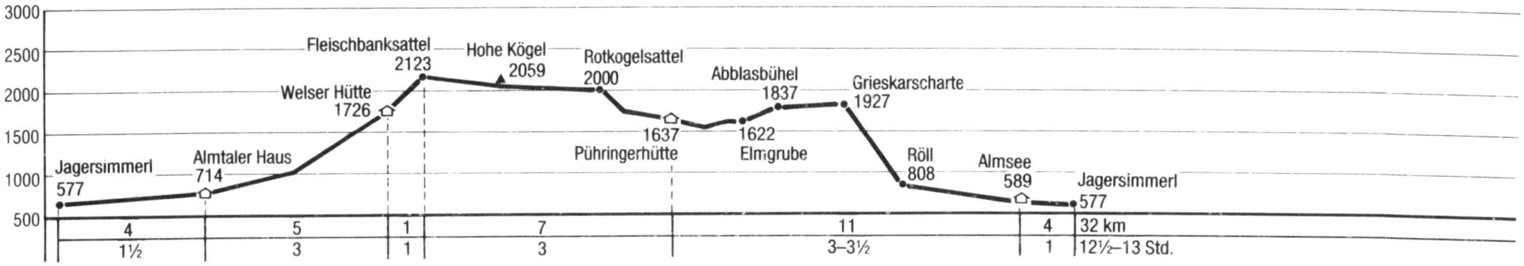

Osten – sein Gipfel oder der des benachbarten *Wildgößls* (2062 m) bieten sich ebenfalls für kurze Abstecher an.

Über die »Große Wies'« marschieren wir westlich um den kahlen Hochkogel (2091 m) herum in die *Grieskarscharte* (1927 m). Hier verabschieden wir uns endgültig von der seltsamen Hügellandschaft der Hochflächen und steigen im Angesicht der »Almtaler Sonnenuhr« auf dem wiederum gesicherten Grieskarsteig in die Röll und zum *Almsee* ab. Vielleicht machen Sie – einmal mehr – die Berg- und Flurnamen des Toten Gebirges stutzig: Die »Sonnenuhr« besteht (wie zum Beispiel auch in den Sextener Dolomiten) aus einem Neuner-, Zehner-, Elfer-, Zwölfer- und einem Einserkogel, die den Bewohnern im Almtal je nach dem Sonnenstand darüber die Zeit ansagten. Und »Röll« kommt vom Rollen des Gerölls, das die Hochgewitter zum stillen Almsee hinaustreiben …

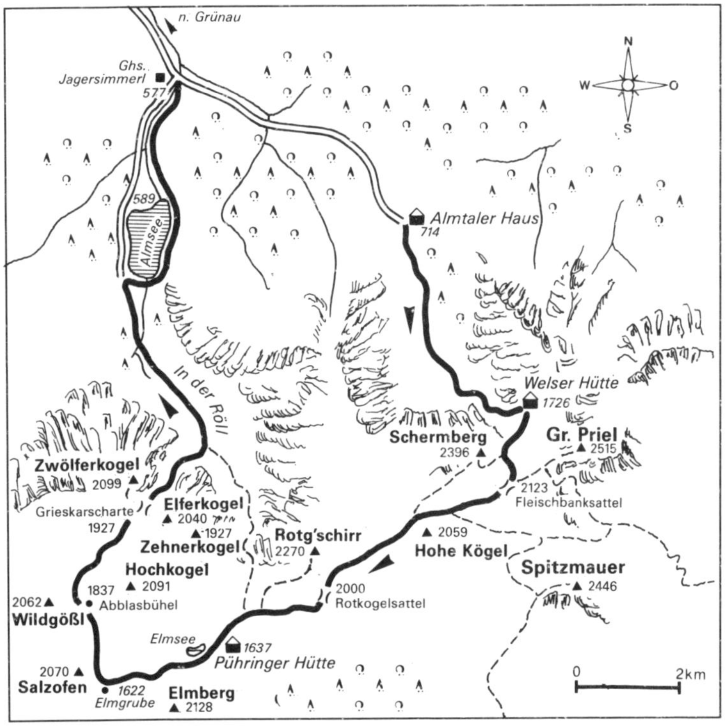

Der ebene Weg am Ostufer des Sees, der sogar eine schwimmende Insel besitzt, läßt unsere »Wüstentour« recht saftig ausklingen.

Touristische Angaben

Drei- bis Viertagetour in hochalpinem Gebiet. Trittsicherheit und Schwindelfreiheit sind notwendig. Bei Nebel oder Schneelage darf das Plateau keinesfalls überquert werden!
Gehzeiten: Jagersimmerl – Almtaler Haus 1½ Stunden (zu den Ödseen und zurück 1½ Stunden). Aufstieg zur Welser Hütte 3 Stunden. Bis Fleischbanksattel 1 bis 1½ Stunden (auf den Priel oder den Schermberg jeweils 1 Stunde und ¾ Stunde Abstieg). Weiterweg zur Pühringerhütte 3 Stunden; Übergang zum Almsee 3–3½ Stunden. Almsee – Jagersimmerl 1 Stunde.
Zu bewältigende Steigung: 1900 Meter im Aufstieg (bei Ersteigung des Priels oder des Schermbergs jeweils 400 Meter mehr) und im Abstieg.
Günstigste Jahreszeit: Je nach der Schneeschmelze von Juli bis Oktober.
Talort: *Grünau im Almtal* (528 m), Fremdenverkehrsgemeinde mit breitem Sommer- und Wintersportangebot. Sehenswert: Barocke Pfarrkirche (1709–1723), Wildpark Cumberland, Almsee mit Seehaus (Busverbindung nach Grünau).
Unterkünfte: *Almtaler Haus* (714 m), ÖAV Wels, 26 Betten, 70 Lager, von Mai bis Mitte September bewirtschaftet.
Welser Hütte (1726 m), 28 Betten, 120 Lager, von Juni bis Mitte September bewirtschaftet.
Pühringerhütte (1637 m), ÖAV Wels, 30 Betten, 68 Lager, von Juni bis Mitte Oktober bewirtschaftet; vom Grundlsee 3½ Stunden.
Karte: AV-Karte 1:25 000, Nr. 15/2: Totes Gebirge, mittleres Blatt.

Auf dem Weg von der Pühringerhütte in die Elmgrube zieht der Salzofen alle Aufmerksamkeit auf sich.

Schladminger Tauern

Tour 22

Aus dem Ennstal zum Klafferkessel

Die Schladminger Tauern südlich des Dachsteins sind eine Untergruppe der Niederen Tauern und besitzen mit dem Hochgolling (2863 m) nicht nur die höchste Erhebung der Niederen Tauern, sondern auch den höchsten Gipfel der gesamten Steiermark. Die naturgegebenen Grenzen des Gebirges sind im Osten der Sölkerpaß, im Westen der Radstätter Tauernpaß, im Norden das Ennstal, im Süden das Murtal.

Es ist eine eigenständige, herbe Landschaft innerhalb des zentralen Alpenkammes, die noch vor zwei Jahrzehnten vielerorts ein Bild urweltlicher Verlassenheit bot. Inzwischen sind auch die Schladminger Tauern vom Tourismus entdeckt worden, der sich jedoch in Grenzen hält, da sie immer im Schatten des populären Dachsteingebirges stehen werden.

In den Schladminger Tauern – einer kristallinen Gesteinszone – künden zahlreiche, hochgelegene Kare von der Entstehungszeit des Gebirges, der Eiszeit. In diesen Karen sind größere und kleinere Seen eingelagert, die unwillkürlich an die »Meeraugen«, die über hundert kleinen Karseen in der Hohen Tatra, erinnern. Jede Wanderung in den Schladminger Tauern führt zum Klafferkessel. Es gibt im gesamten Alpenraum nichts Vergleichbares; und er lockt vor allem geologisch aufgeschlossene Bergsteiger in diese Landschaft. Es ist ein plutonisches Gefilde mit kargem Gras und dunklen Felsen – weltentrückte Einsamkeit, wohin man blickt.

Die Schladminger Tauern sind ein ausgesprochenes Wandergebiet, in dem auch der klassische Tauernhöhenweg beginnt, der bei unserer geschilderten Wanderung zum Teil begangen wird.

Von Schladming aus sind nur die Ausläufer des Gebirges zu sehen, dem die Hochfläche von Rohrmoos vorgeschoben ist. Doch schon 20 Autominuten südöstlich des Ortes, beim Gasthof Weiße Wand im Rohrmooser Untertal, beginnt der Hüttenanstieg.

Die rauschenden *Riesachfälle* sehen wir beim Aufstieg zur Gföhler Alm am *Riesachsee*. Dann begleitet uns der Waldhornbach. Zur Linken erhebt sich die Hochwildstelle, einer der meistbestiegenen Gipfel der Schladminger Tauern. Über die neue *Preintaler Hütte* gelangt man ins Lämmerkar, aus dem es spürbar steil hinaufgeht in die Untere Klafferscharte. Links ragt das Waldhorn auf, der dominierende Berg um die Preintaler Hütte. Da öffnet sich vor uns auch schon der *Klafferkessel* mit seinen mehr als 30 kleinen Karseen.

Jetzt heißt es auf die roten Farbtupfen achten! An kleinen Tümpeln vorbei wandern wir gemütlich zum *Oberen Klaffersee*, dem größten See in diesem urweltähnlichen Kessel. Von der Oberen Klafferscharte aus machen wir uns an den Aufstieg zum Greifenberg. Die steile Südostflanke des Berges ist drahtseilversichert. Danach strebt man über den breiten Südgrat dem 2618 Meter hohen Greifenberggipfel entgegen. Herrlich ist von dort der Tiefblick in den Klafferkessel, beeindruckend die Schau in die 1200 Meter hohe düstere Nordwand des Hochgolling. Fast 1000 Meter tiefer steht die Gollinghütte im Gollingwinkel, der mit der abschließenden Hochgolling-Nordwand zu den eindrucksvollsten Talschlüssen in Österreich gehört.

Anderntags erleben wir den Gollingwinkel aus nächster Nähe. Hier, von der Oberen Steinwenderalm, wirkt die Hochgollingwand erdrückend. Den Gipfel geht man am besten von der Gollingscharte an, und zwar durch die Westflanke des Nordwestgrates – ein Weg nur für Trittsichere und Schwindelfreie. Den Rucksack lassen wir in der Scharte zurück.

Beim Abstieg aufpassen! Die Schneefelder sind morgens meist noch sehr hart. Wer auf eine Rast in der Landawirseehütte verzichtet, bleibt auf dem Höhenweg zur Trockenbrotscharte und erreicht schließlich die *Keinprechthütte*. Spätestens jetzt ist die Mittagspause fällig. Danach machen wir uns gestärkt an den Aufstieg, streckenweise über Schneefelder, in die *Rotmannlscharte*. Tief unter uns liegen die Giglachseen, und im Westen stehen die Kalkspitzen.

Unten, beim See angekommen, überschreiten wir seinen Abfluß und sind kurz darauf in der Ignaz-Mattis-Hütte, etwa 60 Meter über dem großen Giglachsee gelegen. Mit dem Abstieg durch das Giglachtal klingt die Tour aus. Wir kommen an der Landaueralm am gleichnamigen kleinen See vorbei und erreichen nach etwa 2 Stunden den Talboden beim Hopfriesenwirtshaus.

Landschaftlicher Höhepunkt der Schladminger Tauern: Klafferkessel mit dem Törlsee und dem Greifenstein – unberührte Urwelt in den Niederen Tauern.

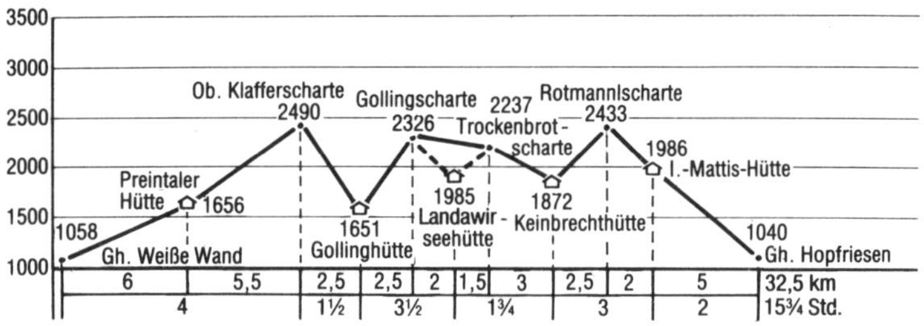

Touristische Angaben

Unschwierige Wanderung; stellenweise noch im Sommer Altschneefelder. Hochgolling-Aufstieg: Schwierigkeitsgrad I–, bei Schnee auf dem Westflankenweg gefährlich. Zweitagetour; Übernachtung in der Gollinghütte. Zum Ausgangspunkt (Gasthof Weiße Wand) und vom Endpunkt (Gasthaus Hopfriesen) verkehren von bzw. nach Schladming in den Sommerferien Busse; vorher diesbezüglich erkundigen!

Zu bewältigende Steigung: etwa 2900 Meter (ohne Hochgolling-Besteigung).

Günstigste Jahreszeit: Juli bis Ende September.

Talorte: *Schladming* (749 m), Fremdenverkehrsort und Haupteinfallstor in die Schladminger Tauern an der Bundesstraße 112 zwischen Radstatt und Admont, D-Zug-Station der Strecke Almstetten–Bischofshofen, Bushaltestellen auf dem Hauptplatz. Hotels, Gaststätten, Pensionen; Krankenhaus, Schwimmbad. *Sehenswürdigkeiten:* Gotische Pfarrkirche St. Achaz, Salzburger Tor, Vasold-Haus von 1519.

Unterkünfte: *Gasthof Weiße Wand* (1058 m), im Rohrmooser Untertal, 13 Kilometer von Schladming, Betten.

Preintaler Hütte (1656 m), Alpine Gesellschaft »Preintaler«, auf der Waldhornalm. Betten und Lager. Vom Gasthof Weiße Wand etwa 2½ Stunden.

Gollinghütte (1651 m), Alpine Gesellschaft »Preintaler«, im Gollingwinkel. Betten und Lager. Von der Preintaler Hütte 5–6 Stunden, vom Gasthof Weiße Wand sind es etwa 2½ Stunden.

Landawirseehütte (1985 m), Österreichischer Alpenverein, im obersten Göriachtal. Betten und Lager, Winterraum (ÖAV-Schlüssel). Von der Gollinghütte 3½ Stunden, von Göriach etwa 6 Stunden.

Keinprechthütte (1872 m), Österreichischer Alpenverein, auf dem Zinkboden. Betten und Lager, Winterraum (ÖAV-Schlüssel). Von der Landawirseehütte 1¾ Stunden.

Ignaz-Mattis-Hütte (auch Giglachseehütte genannt, 1986 m), Österreichischer Alpenverein, oberhalb des Giglachsees. Betten und Lager, Winterraum (ÖAV-Schlüssel). Von der Keinprechthütte etwa 3 Stunden, vom Gasthaus Hopfriesen etwa 3 Stunden.

Gasthaus Hopfriesen (1040 m) im Rohrmooser Obertal 13 Kilometer südlich von Schladming. Betten.

Von der Oberen Klafferscharte führt der Höhenweg durch die Flanken des Greifenberges, von wo sich im Südwesten die düsteren Nordabstürze des Hochgolling zeigen, des höchsten Gipfels der Schladminger Tauern.

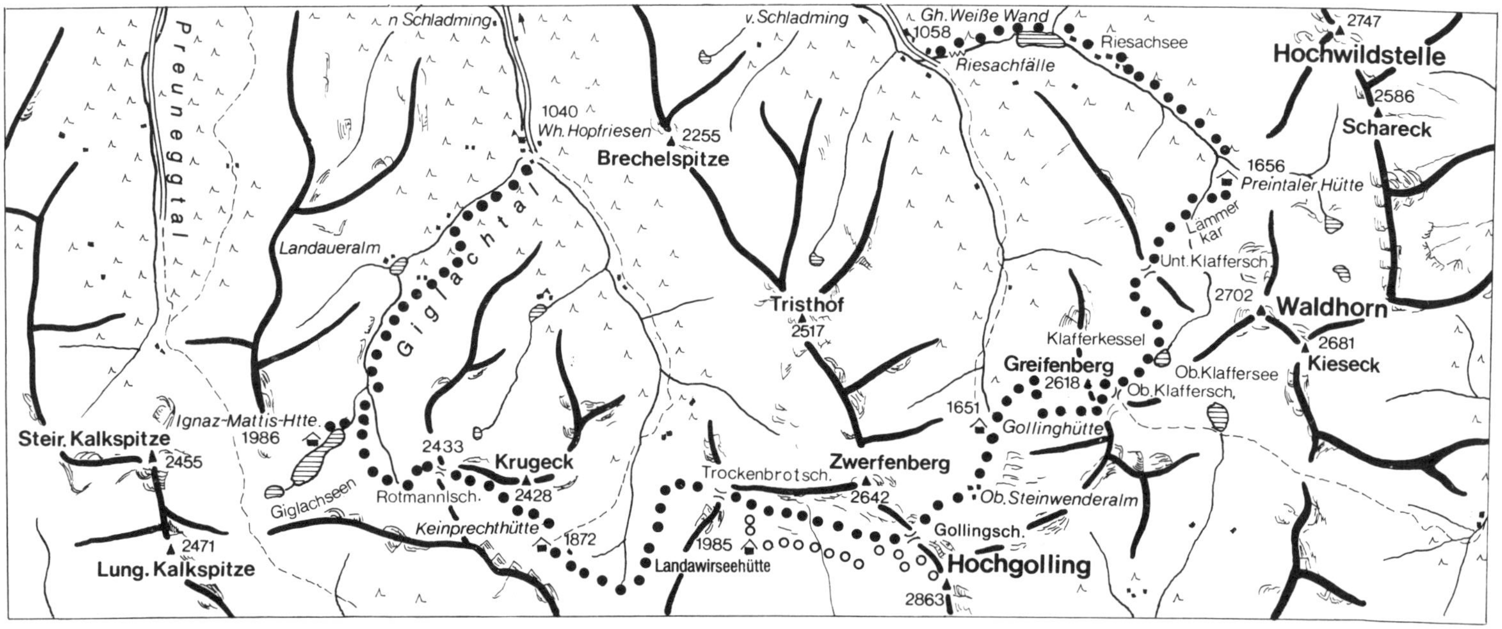

Karawanken

Tour 23

Um die Klagenfurter Hütte

Wie allen österreichischen Schutzhäusern in den Karawanken, dem 120 Kilometer langen Grenzgebirge zwischen Kärnten und Slowenien, blieb auch der Klagenfurter Hütte das Schicksal nicht erspart, durch jugoslawische Partisanen zerstört zu werden. Am 18. Mai 1943 ging das stattliche Haus in Flammen auf. Zurück blieb eine Ruine, die im Laufe der Jahre infolge von Witterungseinflüssen zusehens verfiel. Von 1950 bis 1952 erwuchs ein neues Bergsteigerheim, das dritte auf dem bewährten Platz der Matschacher Alm. Damals durften die Grenzgipfel noch nicht erstiegen werden, erst 1966 öffneten sich die Grenzen auf den Bergen. Die Klagenfurter Hütte wurde wieder, was sie früher schon war: vielseitigster Tourenstützpunkt auf der Nordseite der Karawanken. Harmlose Wanderpfade, ein Klettersteig, schwierige Felsrouten – was will man mehr. Der höchste Karawankengipfel, der Hochstuhl, steht praktisch vor der Tür. Obendrein liegt die 1982 erweiterte Hütte am Karawanken-Wanderweg zwischen Feistritz und Bleiburg. Der nahe Geißberggipfel, auf dem Friedrich-Zopp-Weg in 1¼ Stunden ohne Anstrengung zu erreichen, zählt zu den vielgelobten Aussichtswarten: Im Grenzkamm zeigen sich herausfordernd Hochstuhl, Klagenfurter Spitze, Edelweißspitze. Nördlich schweift das Auge über tiefdunkle Waldtäler hinaus ins Rosental, zum silbernen Wasserspiegel der gestauten Drau, weiter über die breite Hochfläche der Sattnitz, zum Turia-Wald, über ganz Kärnten bis zu den Nocken an der nördlichen Grenze des Bundeslandes.

Einen der Hüttenwege einem anderen in landschaftlicher Hinsicht vorzuziehen, wäre ungerecht. Bärental und Bodental haben jeweils ihre besonderen Reize. Den kürzesten Aufstieg vermittelt das Bärental, aber nur wenn man motorisiert ist, denn ins Bärental, zum Parkplatz unter der Johannsen-Ruhe, führt ab Feistritz eine Straße. Früher rauchten Kohlenmeiler im Tal.

Die Klagenfurter Hütte auf 1663 Meter Höhe: vielseitiger Tourenstützpunkt auf der Nordseite der Karawanken.

Eine Vorläuferin der Stouhütte existierte schon vor der Jahrhundertwende und war 1886 von der ÖAV-Sektion Klagenfurt auf 20 Jahre unkündbar gepachtet. Stou ist der windische Name für Hochstuhl. Seit Generationen lebt auf der österreichischen Nordseite der Karawanken eine slowenische Minderheit, zugehörig der indogermanischen Völker- und Sprachengruppe der Slaven.

Hinter Bärental, zu dem die Stouhütte gehört, wird das Asphaltsträßchen von einem Fahrweg abgelöst, der nicht in bestem Zustand ist. Im Talschluß die *Johannsen-Ruhe*. Fichten stehen auf dem ebenen Boden, den angeschwemmtes Geröll von Hochstuhl und Weinasch gebildet hat. Die Bergwasser fließen unterirdisch ab. Talauswärts treten sie als Bärentaler Bach ans Tageslicht. 1¼ Stunden – 440 Höhenmeter – sind es noch zur *Klagenfurter Hütte* bei ruhiger Gangart auf breitem Fußweg.

Wer aus dem *Bodental* der Klagenfurter Hütte zustrebt und auf öffentliche Verkehrsmittel angewiesen ist, kann nur bis zum Gasthaus Sereinig den Bus von der Büchsenmacherstadt Ferlach über Windisch-Bleiberg benutzen. Fahren kann man dagegen bis zum *Gasthaus Bodenbauer*, einer traditionsreichen Wirtschaft. Wiesen lockern den Talboden auf, die Hänge sind mit Wald bestanden, hier und dort ein vereinzelter Hof.

In 20 Minuten schlendern wir zur *Märchenwiese*, die ihrem Namen voll gerecht wird. Kein Zweifel: Das ist einer der schönsten Talschlüsse der Ostalpen. Im Hintergrund baut sich wie ein dunkles Ungeheuer die annähernd 1000 Meter hohe Nordwand der Vertatscha auf. Ihr Grat senkt sich rechts zur Bielschitza. An der Basis dieses Felswalles ausgedehnte Geröllfelder, in die Krummholz und schrofige Rükken hineingreifen. Auf der Talseite rechter Hand wird angestiegen, oben mündet von rechts der Weg vom Ogrisbauer, der aus dem Bodental (Gasthaus Sereinig) über ein Fahrsträßchen angesteuert werden kann. Nun in südlicher Richtung. Bald stellt sich uns der felsige Ostsporn des Geißberges entgegen. Wir vertrauen uns dem *Stinzelweg* an. Etliche Stellen sind gesichert, doch selbst für Kinder problemlos! Der *Matschachersattel* bildet die Wasserscheide zwischen Bodental und Bärental. Die Wiesen sind mit Latschen überwachsen. Abwärts geht es dann zur *Klagenfurter Hütte*, im Blickfeld der Hochstuhl.

Er ist als höchster Karawankengipfel natürlich touristischer Mittelpunkt der Umgebung. Erfahrene Bergsteiger nehmen den Klettersteig durch seine Nordwand. Die gut markierte und gesicherte Anlage – von der Hütte einzusehen – stößt ungefähr ½ Stunde unterhalb des Gipfels auf die

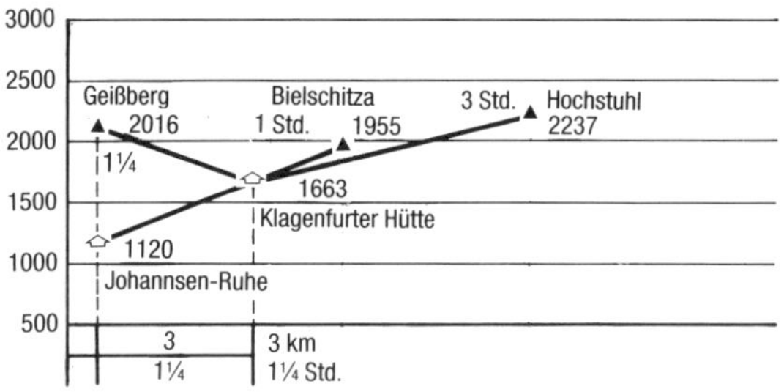

slowenische Staatsgrenze. Ohne Reisepaß darf hier die Grenze nicht überschritten werden. Vom *Hochstuhl* bietet sich die ungehinderte Schau über ganz Kärnten, vom Großglockner bis zur Koralpe sowie nach Süden über die hügeligen Niederungen Sloweniens und südwestwärts auf die Felsburgen der Julischen Alpen.

Leichter ist die Hochstuhl-Route aus dem steinigen Bielschitzakar über den Bielschitzasattel in die Südseite des Kammes – ebenfalls auf slowenischem Terrain – und durch das Hochstuhlkar. Bei dieser Gelegenheit könnte man vom Bielschitzasattel auch gleich noch die *Bielschitza* erklimmen. Was sind schon 20 Minuten? Länger braucht man vom Sattel nicht.

Touristische Angaben

Unschwierige Hüttenwege.
Gehzeiten: Ab der Johannsen-Ruhe (10 km von Feistritz) 1¼ Stunden. Vom Gasthaus Bodenbauer (Fahrstraße von Windisch-Bleiberg) etwa 3 Stunden, ebenso lange vom Ogrisbauer (Fahrsträßchen aus dem Bodental).
Günstigste Jahreszeit: Juni bis September.
Talorte: *Feistritz* (546 m), Ferienort im Rosental an der Bundesstraße 85; von Klagenfurt 22 Kilometer, von Villach 32 Kilometer. Gasthöfe. Gute Bahn- und Busverbindungen. Von Feistritz führt eine 7 Kilometer lange, asphaltierte Straße zum Gasthaus Stouhütte, von dort sind es auf dem Fahrweg noch 3 Kilometer zur Johannsen-Ruhe im hinteren Bärental.
Windisch-Bleiberg (945 m), einstmals wichtiger Bergbauort, wo bis nach dem Ersten Weltkrieg Bleierze verhüttet wurden. 2,5 Kilometer von der Loiblpaß-Straße, 21 Kilometer von Klagenfurt. Gasthöfe, Busverbindungen. Von Windisch-Bleiberg führt eine Straße im Bodental zum Gasthof Bodenbauer bzw. zum Gasthaus Sereinig (Endhaltestelle der Busse von Ferlach) auf der orographisch linken Talseite zum Ogrisbauer.
Unterkünfte: *Klagenfurter Hütte* (1663 m), ÖAV-Sektion Klagenfurt, bewirtschaftet von Anfang Juni bis Mitte Oktober. 24 Betten, 38 Matratzenlager. Winterraum offen. Selbstversorgerraum.
Stouhütte (963 m), privat, Gasthof, im Sommer bewirtschaftet. 4 Betten. Im Bärental am Hüttenweg (Fahrstraße) von Feistritz.
Bodenbauer (1052 m), Gasthof im Bodental am Hüttenweg (Fahrstraße) von Windisch-Bleiberg. Keine Übernachtung.
Prescherhütte (Pesernova Kočca, 2172 m), Slowenischer Alpenverein, 10 Minuten unter dem Hochstuhlgipfel auf slowenischem Boden. Im Sommer einfach bewirtschaftet, Übernachtungsmöglichkeit. Grenzüberschreitung von der Klagenfurter Hütte zur Prescherhütte nur mit Reisepaß ratsam.
Gipfelziele: *Geißberg* (2016 m), unschwierig, 1¼ Stunden. *Bielschitza* (1955 m), unschwierig, 1 Stunde. *Hochstuhl* (2237 m), Klettersteig durch die Nordseite, 2½ bis 3 Stunden.

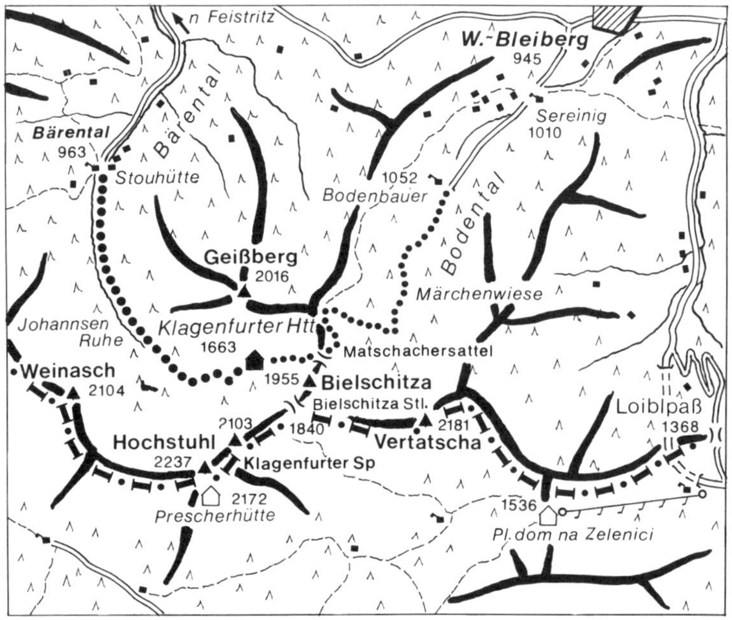

Die »Märchenwiese« im hinteren Bodental. Darüber der Grenzkamm zwischen Österreich und Slowenien.

Lavanttal

Tour 24

Über die Koralpe

Haben Sie schon einmal etwas vom Lavanttal gehört oder von der Koralpe? In Kärnten weiß man mehr davon, denn das Lavanttal ist ein Teil dieses österreichischen Bundeslandes und umfaßt eine Fläche von 1050 Quadratkilometern. Die Talschaft bildet eine in sich geschlossene Landschaft. Auf beiden Seiten verlaufen parallel von Nord nach Süd zwei Gebirgszüge – im Osten die Koralpe, im Westen die Saualpe –, welche Bestandteil der Lavanttaler Alpen östlich der Nockberge sind; beide Gebiete wurden früher den »Norischen Alpen« zugerechnet. Die erwähnten Kämme halten kalte Ost- und Nordwinde vom Tal fern und sind der Grund für das sprichwörtlich bekannte milde Klima in Wolfsberg und Umgebung.

Über die beiderseitigen Höhenzüge führt der Lavanttaler Höhenweg, der nur zweimal die Talsohle berührt. Seine Länge beträgt 135 Kilometer – eine beachtliche Strecke, für die eine Gehzeit von insgesamt 45 Stunden veranschlagt wird, natürlich verteilt auf mehrere Tage! Wer diesen Weg, auch mit Unterbrechungen, in einem Zeitraum von 14 Monaten abwandert und sich die erforderlichen Kontrollstempel holt, erhält das »Lavanttaler Höhenwegabzeichen« (aber davon steht mehr in dem im Anhang genannten Führer).

Unser Interesse gilt dem östlichen Gebirgszug von der Packalpe zur slowenischen Grenze, genauer gesagt dem Teil zwischen den Stoffhütten und dem Hühnerkogel, über den der Lavanttaler Höhenweg verläuft. Dieser Kamm stellt geologisch ein Kuriosum dar, denn es handelt sich um Reste eines Gebirges, das älter ist als die heutigen Alpen. Die höchste Erhebung ist der Große Speikkogel mit 2141 Metern. Die Waldgrenze liegt bei 1750 Meter, wodurch die südlichen, vom Speikkogel abfallenden Höhen überwiegend bewaldet sind.

Das Gipfelkreuz der Koralpe. Das Gestein ist geologisch ein Kuriosum, denn die beiden Gebirgszüge, die das Lavanttal begrenzen, die Koralpe und die Saualpe, bestehen aus Resten eines Gebirges, das älter ist als die heutigen Alpen.

Vom *Twimberg*, dem Ausgangsort der Wanderung über die Koralpe, kann man zwar bis kurz vor Theißenegg mit dem Auto fahren, muß dann aber nach der Tour wieder umständlicherweise dorthin zurück. Deshalb gehen wir gleich aus dem Tal zu Fuß. Die Nummer 551 weist den Weg. *Theißenegg*, wo eine alte Wehrkirchenanlage zu besichtigen ist, bleibt zurück. Wir benützen noch bis zum Bischofseck die Asphaltstraße, verlassen sie dann links und steigen an zum *Wirtshaus Almkainz*. Kurz danach wird ein alter Bildstock passiert, und auf der »Weinstraße« geht es vollends hoch zu den Stoffhütten. Damit haben wir die Kammhöhe erreicht.

Ein großer Teil der Steigungen liegt hinter uns. Trotzdem sind zwischendurch immer wieder Gegenanstiege zu bewältigen. Über die *Hofbauer-Alm* gelangen wir zur *Wildbach-Alm*. Ein genußvoller Höhenweg führt an eigenartigen Steingebilden, den sogenannten Öfen, vorbei und hinunter zur *Weinebene*, wo eine aus dem benachbarten Bundesland kommende Straße gekreuzt wird bzw. die *Albert-Schimmer-Hütte* steht, benannt nach einem verdienstvollen Naturfreunde-Vorsitzenden aus Deutschlandsberg.

Der Lavanttaler Höhenweg ist hier gleichlaufend mit dem Nord-Süd-Weitwanderweg, der über 500 Kilometer aus dem Böhmerwald zur Grenze führt. Auf weite Strecken hält sich unsere Route an den Grenzverlauf zwischen Kärnten und Steiermark. Ungefähr 1 Stunde nach der Weinebene sehen wir rechts unten den Rundbau der Grillitsch-Hütte liegen. Wir bleiben aber auf der Höhe. Stetig geht es bergan. Über den Rücken der *Hühnerstützen*.

Am *Seekopf* haben wir schon die Zweitausendmetergrenze überschritten; schließlich gewinnen wir aus einem Sattel den Gipfel des *Großen Speikkogels* mit einem weithin sichtbaren Kreuz.

Spätestens jetzt müssen wir an die Übernachtung in einer der Hütten denken.

Naheliegend ist das schöne *Koralpenhaus* inmitten eines beliebten Skigebietes. Anderntags steigen wir schon in aller Frühe hinauf zur *Scheibstatt* südlich des Speikkogels. Nun gelten wieder die rot-weißen Markierungen. Vor uns liegt der steierische Süden mit dem waldreichen Gebiet des Soboth; linker Hand weitet sich der Blick bis hinaus ins Murtal, und westlich des Lavanttales verlaufen die Höhen der Saualpe.

Nach dem *Gasthaus Brandel* taucht der Höhenweg endgültig in die Waldregion ein. Nun geht es im großen und ganzen fast eben dahin. Fligelberg, Gosseck und Eckkeusche sind die nächsten Stationen. Durch Mischwald wandern wir zur Südsteierischen Grenzstraße am *Koglereck*. Gemar-

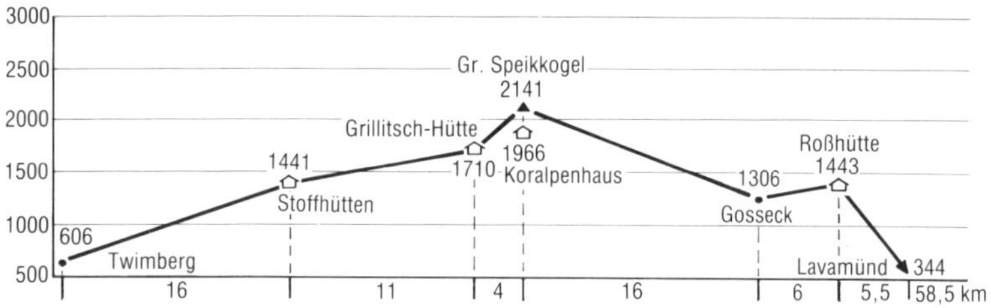

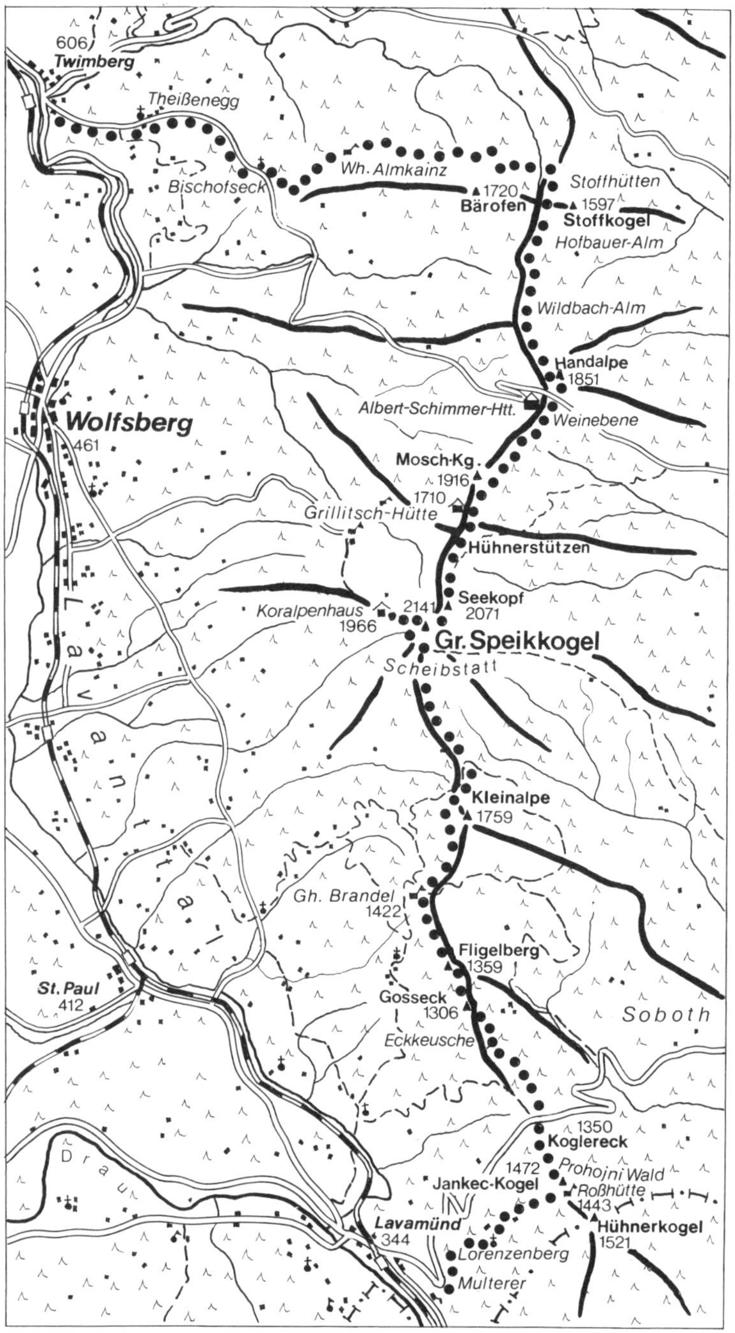

kungs- und Bergnamen wie Prohojni-Wald und Jankec-Kogel erinnern hier bereits an das nahe Slowenien. Dort versteckt sich die unbewirtschaftete *Roßhütte*. Und dahinter erhebt sich der Hühnerkogel direkt auf der österreichischen Staatsgrenze.

Der Lavanttaler Höhenweg zweigt schon vor der Roßhütte rechts ab und führt im Wald, später über Wiesen, die im Frühling und im Sommer herrlich blühen, und an Bauernhöfen vorbei hinunter nach *Lorenzenberg*, wo man im Gasthaus Strohmayer eine deftige Jaus'n bekommt. Zum Schluß steigen wir dann ab zur Bundesstraße 80, die beim »Multerer« erreicht wird. Jetzt sind es nur noch 25 Minuten rechts auf der Straße zum Bahnhof von *Lavamünd* nahe der Staatsgrenze.

Touristische Angaben

Mehrtägige, unschwierige Wanderung. Übernachtung entweder in der Grillitsch-Hütte oder im Koralpenhaus.
Gehzeit: Vom Koralpenhaus bis zum Endpunkt der Tour in Lavamünd etwa 8 bis 9 Stunden.
Zu bewältigende Steigung (ab Twimberg): etwa 2200 Meter.
Günstigste Jahreszeit: Anfang Juni bis Ende September.
Unterkünfte: *Albert-Schimmer-Hütte* (1650 m), Touristenverein Naturfreunde, an der Straße auf der Weinebene, Betten mit Dusche/WC. Von Twimberg etwa 3 Stunden.
Grillitsch-Hütte (1710 m), privat, zwischen Moschkogel und Hühnerstützen auf der Koralpe. Betten. Von der Albert-Schimmer-Hütte 1 Stunde.
Koralpenhaus (1966 m), Österreichischer Alpenverein, auf der Koralpe westlich des Großen Speikkogels. 75 Betten. Von der Grillitsch-Hütte (über den großen Speikkogel) sind es 1¾ Stunden, von der Stadt Wolfsberg braucht man 5 Stunden.
Brandel-Wirtshaus (1422 m), am Lavanttaler Höhenweg südwestlich der Kleinalpe. Betten und Lager. Vom Koralpenhaus etwa 3 Stunden.

Im Frühjahr und im Sommer trifft man auch im Lavanttal wie vielerorts in den Alpen auf farbenfroh blühende Bergwiesen an sanften Hängen. Leuchtendweiße Margeriten (Chrysanthemum leucanthemum) *in einer Sommerwiese.*

Rottenmanner Tauern

Tour 25

Der »Dreisteckengrat«, die Himmelsleiter über dem Tauernpaß

Der 125 Kilometer lange Gebirgszug der Niederen Tauern wird seinem Namen eigentlich nirgends gerecht. Der höchste Gipfel, der Hochgolling (2863 m), würde jedem Tiroler Hochgebirge alle Ehre machen, die benachbarte Hochwildstelle, der Höchstein oder der wilde Predigtstuhl über der Sölk sind allesamt rassige Gipfelgestalten mit Felswänden, Graten, Aussicht und Flair von Format. Selbst ganz im Osten, wo die Tauern über dem Paltenbach, der Liesing und dem Murtal ausklingen, verbergen sich nicht nur »Gipfelstürmer« um die 2300, 2400 Meter Seehöhe, sondern sogar noch Genußkletterzuckerl: Die Grate zwischen dem Hochreichart und dem Saukogel (»Geierhaupt« nennen ihn die poetischen Bergsteiger lieber) bieten viel zum Herumturnen, und die vielgezackten Gamskögel über dem Triebental zählen überhaupt zu den bekanntesten Kletterzielen in Ostösterreich. Trotz des vielen Almgrüns und der ausgiebigen Waldhänge der Wölzer, Rottenmanner, Triebener und Seckauer Tauern sind ihre Gipfel demnach auch nicht zu unterschätzen – ein Wettersturz gestaltet sich hier nicht gemütlicher als in der Glocknergegend oder in den Ötztalern.

Der »Dreisteckengrat« – er heißt nicht so, weil man bei seiner Überquerung soviel Hilfswerkzeug brauchen würde, sondern ist nach dem zentralen Gipfel-Dreigestirn im Gratzug benannt – gehört zur Klasse der noch relativ einfachen, aber dafür um so abwechslungsreicheren Kraxeltouren. Für seine Überquerung sollte die Schwindelfreiheit ebenso solide sein wie die Kondition – kurze »Zweier«-Stellen, luftige Simse und rutschiges Geröll würzen den langen, langen Weg von der Edelraute- bis zur Rottenmanner Hütte.

Wenn man über den einst berüchtigten Triebener Tauernpaß nach Süden fährt, sticht uns der ebenmäßig geformte Pölsenstein gleich nach dem Paßscheitel ins Auge – er ist der unumschränkte Herrscher über dem Hospiz und der Bergkirche von *Hohentauern* (1274 m). Hartnäckig apostrophieren ihn die Kartographen als einen »Bösenstein«, obwohl er doch ein hervorragendes, beliebtes und nicht allzu schwer erreichbares Wanderziel darstellt. Daß in seinem Geröllschoß der Pölsbach entspringt, hat bisher offenbar nur wenigen Besuchern ein Aha-Erlebnis beschert – der verballhornte Name wird weiterhin ohne viel Nachdenken überliefert.

Vom Großen Pölsenstein breitet sich ein weites Panorama von den Schladminger Tauern bis zu den Dachsteingletschern aus.

Alpine Nomenklatur soll unsere größte Sorge nicht sein, wenn wir uns nun anschicken, einen der längsten und konditionsfressendsten Tauerngrate zu überschreiten. Die Begehung – besser gesagt: Überkletterung – des Dreisteckengrats ist kein Sonntagsspaziergang, das sei gleich vorweg festgestellt, sondern eine ernste Acht- bis Neunstundentour mit leichten Kraxeleinlagen, bei denen man schon ein paar hundert Meter schwindelfrei in die Tiefe schauen muß. Der »Einstieg« beginnt ja recht gemütlich: Vorbei an Hochmooren und Teichen spazieren wir zur wohlbestellten *Edelrautehütte* (1706 m) hinauf – eine Mautstraße ermöglicht sogar die Zufahrt. Trotzdem empfiehlt sich der Aufstieg zu Fuß: Erstens schmeckt uns das Essen oben besser, und zweitens kommen wir ziemlich am anderen Ende des Gebirges wieder ins Tal, nämlich in Rottenmann – wir müßten allenfalls wenig umweltschonend mit zwei PKWs herumkurven.

Der nächste Tourentag empfiehlt sich für einen frühen Aufbruch. Goldrot spiegelt die Pyramide des Pölsensteins das Licht der aufgehenden Sonne wider, während wir an den beiden Scheibelseen vorbei höherstapfen. Ohne Schwierigkeiten erreichen wir einen flachen Rasensattel im Ostgrat des Berges. Links führt der markierte Steig durch die steile Flanke im Bogen hinauf; rechts kann – wem schon nach Klettern zumute ist – über den stellenweise luftigen, aber festen Blockfels des Ostgrats aufgestiegen werden (Kletterschwierigkeit I–II). Unterhalb des Gipfels vereinigen sich beide Routen wieder und ziehen gemeinsam durch Schutt und Schrofen in Gratnähe zum Gipfelkreuz hinauf. Zwei Stunden nach dem Aufbruch sind wir am höchsten Punkt der Rottenmanner Tauern angelangt – die Aussicht reicht vom Dachstein über die Hohen Tauern, die Julischen Alpen, die Seetaler Alpen, das Gesäuse und den Hochschwab bis zum Böhmerwald hinaus!

Nun folgt das wildeste Stück der Tour, die Kletterpassage bis zur *Sonntagskarspitze* (2350 m). Ein kurzer Schrofenabstieg (Markierungstafel am Gipfel beachten!) leitet uns in die erste Einkerbung, die *Jägerscharte* (2260 m), hinunter. Über ausgesetzte, ebene Leisten, durch steile Rinnen, über kleine Felstürme und auf luftigen Gratschneiden turnen wir – einmal durch Drahtseile gesichert – nach Nordwesten zur

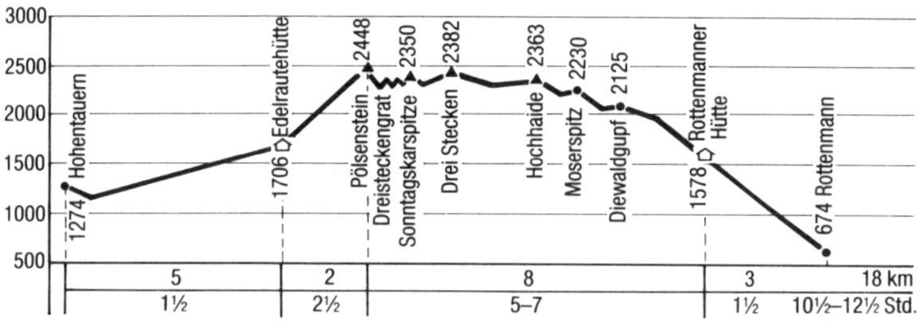

Sonntagskarspitze hinüber. Die Schlüsselstelle, ein senkrechter, plattiger Riß auf dem letzten Turm, wird ebenfalls mittels Seil überlistet. Auf der anschließenden Rasenschneide (erst der oberste Gipfelaufbau wird noch einmal kurz auf einem Band in der Nordseite erklommen) haben wir wieder mehr Muße, den tief unter uns leuchtenden »Gefrorenen See« zu bewundern.

Der restliche Weiterweg bietet keine technischen Schwierigkeiten mehr, geht aber dafür ordentlich in die Wadeln. Es geht abwärts und wieder hinauf zu den *»Drei Stecken«* (höchster Punkt 2382 m), einem Gebilde, das, wie der Name schon sagt, drei Kuppen zum »Drüberschaukeln« bereithält. Die *Hochhaide* (2363 m) ist noch immer nicht viel näher gerückt. Der alte Spruch »Große Steine, kleine Steine, müde Beine, Aussicht keine« scheint hier erfunden worden zu sein, doch auch der Kamm von der Sonntagskarspitze herüber geht einmal zu Ende.

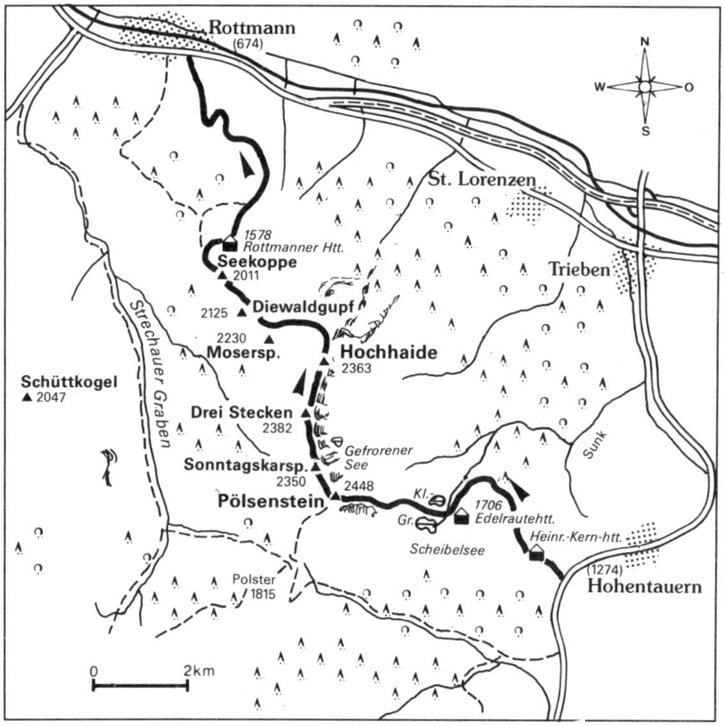

Nicht zu Ende geht dagegen unser Weg – ganz im Gegenteil: Von der Hochhaide »zaht« es sich noch einmal gewaltig bis zum *Moserspitz* (2230 m), zum *Diewaldgupf* (2125 m), zum *Seegupf* (2011 m) und schließlich mit Knieschnaggler zur *Rottenmanner Hütte* (1578 m) hinunter – Masochisten können auch noch das *Steinerne Mandl* (2043 m, in manchen Karten falsch »Stein am Mandl« genannt) »mitnehmen«.

Die neue Hütte ersetzt seit 1985 das kurz davor von einer Lawine weggefegte alte Schutzhaus im Globuckenkar – also keine feinen Wettersitten. Eine Rast tut hier auf jeden Fall gut, bevor wir endgültig dem Paltental und damit dem Alltag mit Industrie und Autobahn entgegenwandern.

Touristische Angaben

Hochalpine Zwei- bis Dreitagetour, die stellenweise absolute Schwindelfreiheit und Trittsicherheit erfordert. Bei Neuschnee und Vereisung lebensgefährlich!

Gehzeiten: Hohentauern – Edelrautehütte 1½ Stunden; über den Dreistecken-Grat zur Rottenmanner Hütte 8–9 Stunden; Abstieg nach Rottenmann 1½ Stunden.

Zu bewältigende Steigung: 1800 Meter im Aufstieg und 200 Meter im Abstieg; bei Straßenbenützung erspart man sich 500 Aufstiegs- und 600 Abstiegsmeter.

Günstigste Jahreszeit: Juli bis Anfang Oktober.

Talorte: *Hohentauern* (1265 m), kleiner Paßort an der Straße über den Triebener Tauern, Sommer- und Wintersportmöglichkeiten. Sehenswert: Bergkirche, alte Bauernhöfe, Hochmoore und zahlreiche Fischteiche im Hochtal unterhalb des Ortes, Magnesitbergbau in der Sunk. – *Rottenmann* (674 m), historische Bergstadt im Paltental (erstmals 927 erwähnt, Stadtrecht von 1320). Sehenswert: Spätgotische Hallenkirche von 1530, Altarbilder vom Kremser Schmidt, Bürgerspitalkirche, Burgtor, Burg Strechau (1135), Badesee bei Gaishorn. Busverbindung mit Hohentauern.

Unterkünfte: *Edelrautehütte* (1706 m), ÖAV Austria (Wien), 20 Betten, 64 Lager, ganzjährig bewirtschaftet. – *Rottenmanner Hütte* (1578 m), ÖAV Rottenmann, 22 Betten, 36 Lager, von Mai bis September bewirtschaftet.

Karte: ÖK 1:50 000, Blatt 130 Trieben.

Besonderes: Bei der Überquerung des Dreisteckengrates leistet ein kurzes Seil gute Sicherungsdienste!

Die karge Welt der Tauern – im Blick die Drei Stecken und die Hochhaide, über die unser langer Gratweg führt.

Gesäuse

Tour 26

Von Admont zur Heßhütte

Gesäuse stammt von »Sausen«. Damit war im Volksmund das Rauschen der Enns gemeint, die sich in ihrem Mittellauf durch eine alpine Landschaft zwängt, auf einem Weg, für dessen Bildung Jahrmillionen notwendig waren. Im engeren Sinne ist mit Gesäuse der Durchbruch des Flusses zwischen Haindlmauer und Himbeerstein im Westen und bei Hieflau im Osten gemeint. Dort lockt eine grandiose Alpenlandschaft von wilder und farbiger Pracht. Das Tal ist auf weite Strecken sehr eng und wird beiderseits von steilen Felswänden und Schrofenhängen gesäumt. Fluß, Straße und Eisenbahn haben gerade noch Platz; stellenweise müssen aber Tunnels aushelfen. Die einzige größere Talweitung ist die »Ennsflur«, auf der sich Gstatterboden ausbreitet.

Nördlich der Enns erhebt sich die Buchsteinkette, südlich der Reichensteinstock – »Kleines Gesäuse« – sowie die Hochtorgruppe. Obwohl der Große Buchstein, die Ennstaler Hütte und der Tamischbachturm durchaus attraktive Ziele darstellen, sind beobachtungsgemäß mehr Touristen im Südteil, was unter anderem mit der zentralen Position des 180-Seelen-Dorfes Johnsbach, einer ehemaligen Knappensiedlung, zusammenhängt.

In *Admont*, dem Ausgangspunkt unserer Wanderung, kann man zwei Welten erleben: lautes Verkehrsgetriebe, Touristen aus allen Teilen Österreichs und die fromme Stille einer 900 Jahre alten Benediktinerabtei, in deren prunkvoller Bibliothek sich 120000 Bände und 1100 Handschriften angesammelt haben.

Die Berge südöstlich der Stadt entwickeln sich vom Mittelgebirgscharakter zu stattlichen Dimensionen. Alpine Landschaftsformen zeigen sich uns spätestens bei der *Oberst-Klinke-Hütte*, über der im Norden das mächtige Horn des Kalblings aufragt. Er ist der Hausberg der Klinke-Hütte. Wer trittsicher und schwindelfrei ist, darf sich den Kalbling nicht entgehen lassen!

Der Weiterweg in Richtung Mödlingerhütte–Johnsbach ist voll neuer Eindrücke. Sparafeld und Reichenstein treten ins Blickfeld. Im Süden, östlich des Pölstales, erheben sich die Rottenmanner Tauern, ein wenig besuchtes Berggebiet mit Gipfeln bis zu 2400 Metern.

Am Eingang zum Gesäuse bei Admont. Bei den Bergsteigern besonders beliebt sind die Berge südlich der Enns.

Auch von den Fliezenalmen aus betrachtet, verlieren Sparafeld und Reichenstein nichts von ihrer Größe. Dem Admonter Reichenstein gebührt besondere Beachtung. Er ist einer der formschönsten Gipfel im Gesäuse. Seine Besteigung, die infolge steiler Grashänge mehr gefährlich als schwierig ist, ab der *Mödlingerhütte* dauert etwa 3 bis 4 Stunden.

In *Johnsbach* treffen wir beim Donnerwirt ein. Von oben blicken die Ödsteingipfel herab, talauswärts zeigt sich der Große Buchstein.

Wenn wir Glück haben, nimmt uns jemand mit dem Auto zum *Kölblwirt* mit, sonst muß man die halbe Stunde dorthin zu Fuß marschieren. Der Zugang zur Heßhütte entspricht Weg Nummer 601. Rechts die Wasserfallmauer, links die Mittermauer, schinden wir uns auf der Geröllspur steil empor durch den Wald. Auf dem Ersten Koderboden zeigt eine Tafel am Baum in Richtung »Schneeloch«. Das ist ein Anstieg auf das Hochtor, stellenweise über schmale Bänder und »abgeschmierten« Fels – Schwierigkeitsgrad I bis II – zum Südwestgrat, über den der Gipfel gewonnen wird, 4 bis 4½ Stunden nach dem Kölblwirt. In diesem Falle erfolgt der Abstieg über den mit Stahlseilen gesicherten Gugglgrat und den Josefinensteig in 1½ Stunden zur Heßhütte.

Kommoder erweist sich Weg 601: Untere Koderalm–Derlersteig'n–Jägerhofalm. Die *Heßhütte* ist ein klassischer Stützpunkt mit hundertjähriger Tradition. Neben dem »Neubau« von 1978 steht wie beleidigt die alte Hütte. Westlich präsentiert das Hochtor über dem Kar »Tellersack« seine stark gebänderte Nordostfassade. Links davon beginnt der Josefinensteig, dessen Fortsetzung der Hochtor-Gugglgrat bildet. Obwohl Stahlseile vorhanden sind, ist hier und dort eine gewisse Klettergewandtheit notwendig!

Vorausinformation: Bis zur Kummerbrücke im Ennstal sind 3 Stunden einzuplanen. Weg Nummer 660 führt nordwärts hinunter zum Ebnesanger im Banne von Hochtor und Planspitze. Jenseits des Ennstales dominiert der Tamischbachturm. Bald erfordert der steile, exponierte *Wasserfallweg* erhöhte Konzentration! Leitern und Drahtseile erschließen die Klamm, die nicht zufällig »Im Kummer« genannt wird. Ein Stück tiefer herrliche Blicke ins Ennstal und rechts hinaus bis zum Hochstegtunnel. Im Tal, bei der Kummerbrükke unweit der Staumauer, befindet sich die Zughaltestelle; nach Gstatterboden ist es zu Fuß noch eine knappe halbe Stunde.

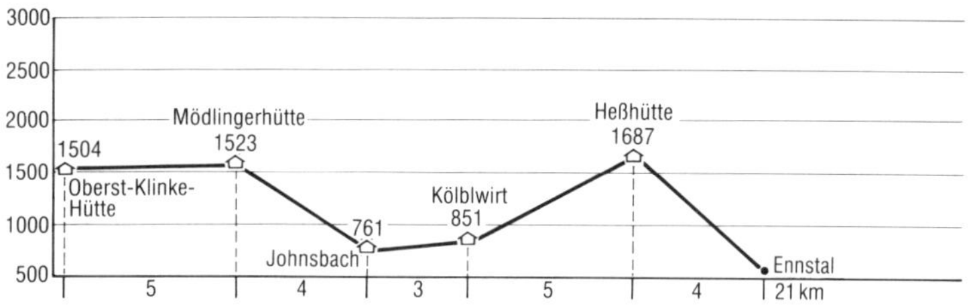

Touristische Angaben

Zweitagetour (ohne Gipfel). Der Wasserfallweg erfordert Trittsicherheit und Schwindelfreiheit, ansonsten – ohne Hochtour – unschwierige Wanderung. Im Bahnhof Admont die Abfahrt der Züge von Kummerbrücke erfragen.
Zu bewältigende Steigungen: ab Admont etwa 2350 Meter.
Günstigste Jahreszeit: Juli bis September.
Talorte: *Admont* (643 m), Fremdenverkehrsort an der Ennstal-Bundesstraße (112) zwischen Hieflau und Liezen. Bahnhof, gute Busverbindungen. Hotels, Gasthöfe, Pensionen, Jugendherberge, Zeltplatz, Schwimmbad. *Sehenswürdigkeiten:* Benediktinerstift, Blasienmünster.
Johnsbach (761 m), südlich der Bundesstraße 112. Von dort (Bahnhof Johnsbach) Fahrstraße und Busverbindung. Gasthaus. *Sehenswürdigkeit:* Bergsteigerfriedhof bei der alten Kirche St. Ägyd.
Gstatterboden (579 m), in großartiger Lage im schönsten Teil des Gesäuses an der Bundesstraße 112 zwischen Hieflau und Admont. Eisenbahn-Haltestelle, Busverbindungen. Gasthöfe.
Unterkünfte: *Oberst-Klinke-Hütte* (1504 m), Österreichischer Alpenverein, westlich unter dem Kalblinggatterl am östlichen Rand des Kalblingbodens. Betten und Lager. Von Admont Maut-Straße; zu Fuß etwa 3 Stunden.
Mödlingerhütte (1523 m), Österreichischer Alpenverein, südlich des Admonter Reichensteins auf der Treffner Alm. Betten und Lager, Winterraum offen. Von der Oberst-Klinke-Hütte etwa 2 Stunden, von Johnsbach etwa 2 Stunden.
Heßhütte (1687 m), Österreichischer Alpenverein, östlich des Hochtors auf dem Ennsecksattel. Betten und Lager, Winterraum offen. Von der Mödlingerhütte 4 Stunden, von Johnsbach 3 Stunden, von der Kummerbrücke (Eisenbahn-Haltestelle im Ennstal) etwa 4 Stunden.

Abendsonne über der Mödlinger Hütte und dem Admonter Reichenstein (rechts).

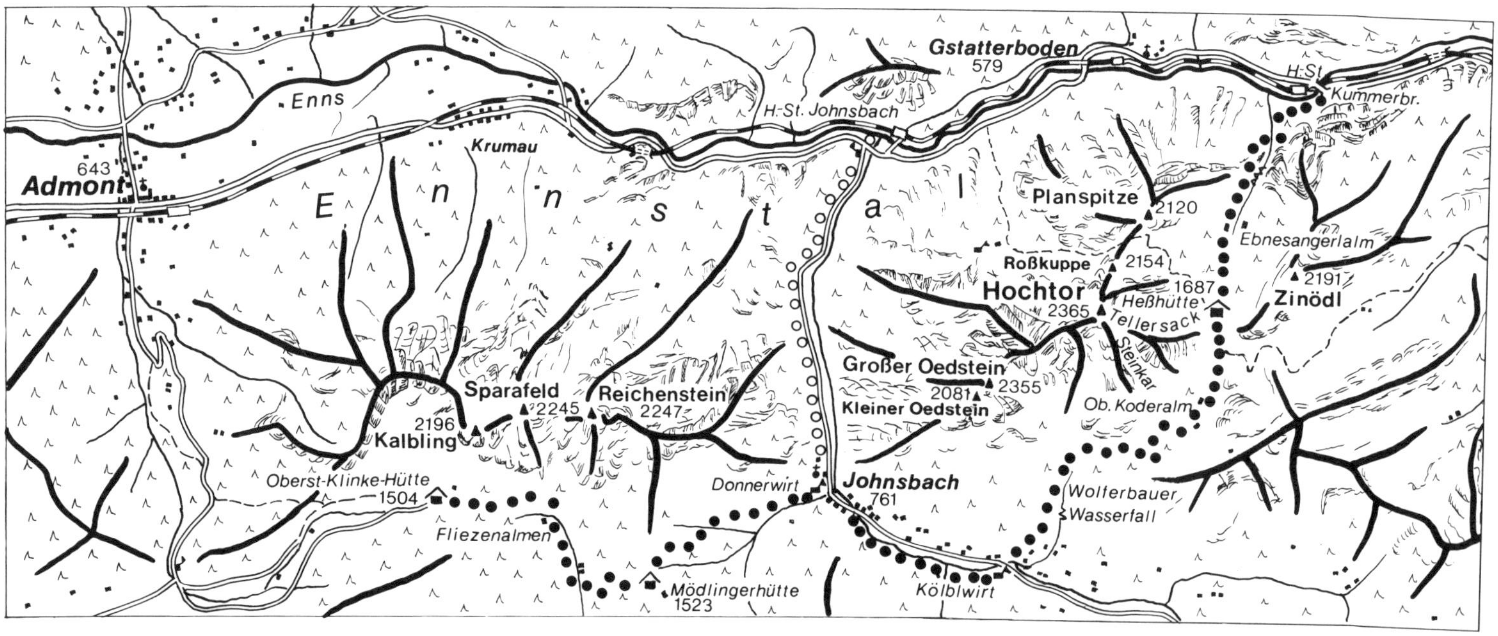

Hochschwabgruppe

Tour 27

Durch die Fölzklamm zum Hochschwab

Mit dem Hochschwab in der nördlichsten Steiermark zeigt der Alpenkamm noch einmal steile Wandabstürze – es ist übrigens die größte Gebirgsgruppe östlich der Enns –, ehe er über die Veitsch-, Schnee- und Raxalpe und über den Schneeberg in Richtung Neusiedler See ausläuft. Der Hochschwab ist ein steirisches »Hausgebirge« im Einzugsbereich der Städte Bruck, Graz, Leoben, Kapfenberg, Eisenerz.

Zwar mißt der höchste Gipfel, der Hochschwab, nur 2277 Meter, doch hat das Gebiet seine Tücken. Es gilt als sehr schneereich, wodurch in manchen Jahren noch sommers in schattseitigen Karen Firn lagert. Besonders gefürchtet von Bergsteigern sind die häufigen Gewitter und plötzlich auftretender Nebel.

Der Hochschwab ist ein typisches Plateaugebirge. Das dominierende Gestein ist Kalk und Dolomit.

Zwischen Aflenz und Thörl zweigt von der Bundesstraße bei den Häusern von Fölz ein Fahrsträßchen in schwach nordwestliche Richtung ab, das beiderseits dem Fölzbach durch den Fölzgraben zum *Alpengasthof Schwabenbartl* verläuft. Auftakt! Die romantische *Fölzklamm* beeindruckt mit dem Rauschen ihrer wilden Wasser. Bedrückender Enge folgt der breite Fölzboden, über den man taleinwärts spaziert. Das erste Steilstück stellt sich entgegen: Zickzack empor zur einstigen Schlagalm. »Bitte benützen Sie keine Abkürzung«, steht auf Tafeln geschrieben, die Schüler 1992 aufgestellt haben, als sie den Fölzalmweg mit Steinmäuerchen säumten, denn abkürzende Pfade hatten erhebliche Landschaftsschäden verursacht.

Der Fölzstein erscheint im Blickfeld. Jetzt trennt uns nur noch eine Stunde von der in einer weiten Senke gelegenen *Fölzalm*. Hier lohnt sich eine kurze Rast. Im Osten erheben sich die Wände des Großen Winkelkogels, die sich nach Süden fortsetzen über den Kleinen Winkelkogel zum Mitteralpenturm. Diese Berge können von der anderen Seite unschwierig bestiegen werden; sie bilden nämlich die westlichen Abstürze der ausgedehnten Hochfläche der Mitteralpe. Auf der gegenüberliegenden Seite verlockt der Fölzstein zu einem etwa einstündigen Abstecher. Rechts (nördlich) des Fölzsteins wölbt sich die sanfte Rasenkuppe des Fölzkogels, hinter dem sich die Karalpe aufbaut.

Am Weg zur Fölzalm erhebt sich die dem Westgrat des Kleinen Winkelkogels vorgelagerte Schartenspitze. Sie präsentiert ihre bei Kletterern beliebte Südwestwand.

Über Almböden steigen wir weiter an, zum Schluß ziemlich steil in den *Fölzsattel*. Links davon beginnt bei einem Schärtchen der »Ochsensteig«. Auf ihm wandern wir bequem unterhalb der Edelspitzen zur *Voisthalerhütte* auf den Böden der Oberen Dullwitz, im Süden der Karlmauer.

Für den zweiten Tag ist kein allzu früher Aufbruch notwendig! Ab der Hütte bummelt man zunächst fast eben durch die Obere Dullwitz, bis sich das Hochtal zu einem Kessel (Schwabenkar) erweitert. Im Hintergrund dräuen die breitgelagerten, plattigen Südwände des Hochschwab. Wir lassen die gelben Bezeichnungen zum Trawiessattel unberücksichtigt und steigen rechts in den Grashängen des Wetterkogels kehrenreich empor zu der von Mulden durchsetzten Hochfläche des Rotgangbodens. Über sie schlängelt sich der Weg stets leicht linkshaltend hinauf zum Schwabenboden mit dem *Schiestlhaus*.

Vor uns liegt der zwanzigminütige Aufstieg zum Hochschwabgipfel. Er ist unproblematisch und durchwegs mit roten Farbtupfen versehen. Die Route hält sich an die rechte Begrenzungsrippe des tiefen, felsigen Grabens, der sich aus dem Sattel zwischen Kleinem Schwab und Hochschwab in nördliche Richtung senkt. Von einer kleinen Schulter erreicht man schließlich den höchsten Punkt des *Hochschwab* mit weitreichenden, herrlichen Ausblicken.

In etwa ¼ Stunde leitet uns das wegweisende Rot hinunter zur *Fleischerhütte* (Biwakschachtel). Im Westen runden sich kuppige Grasberge. Wir wandern nahezu eben unter dem Zagelkogel in den *Rauchtalsattel*, von dem aus man in ¼ Stunde den Großen Hochwart »mitnehmen« kann.

Vom Rauchtalsattel senkt sich der Weg über den Großen Speikboden und über die grasigen Hundsböden zur Hirschgruppe mit ihren einsamen Almböden. Wenn wir Glück haben, begegnet uns ein Gemsrudel. Keine andere ostalpine Berggruppe hat einen so hohen Bestand an Gemsen wie der Hochschwab. – Schließlich gelangen wir zum Ostrand der Sackwiesen, mit dem *Berggasthaus Häuselalm*.

Der Abstieg zum Alpenhotel Bodenbauer kann nicht verfehlt werden. Rechter Hand begleitet uns der 1705 Meter hohe Buchbergkogel, zur Linken der stattliche Zinken. Und wenn wir dann nach einer knappen Stunde beim »Bodenbauer« eintrudeln, schauen wir zuerst, wann der nächste Bus nach Thörl geht; denn die 14 Straßenkilometer durch das St. Ilgener Tal zu Fuß lohnen sich nicht!

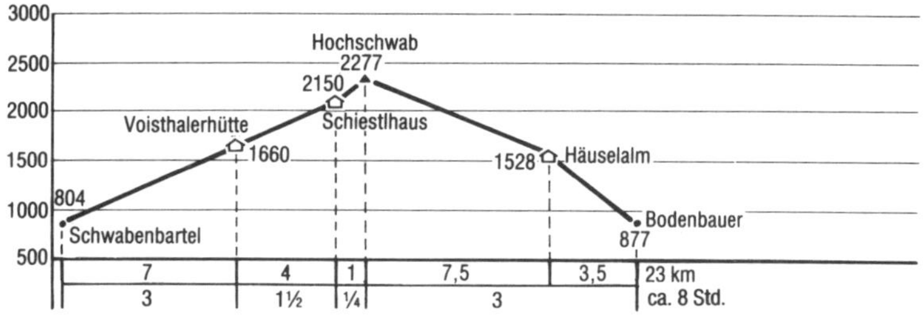

Touristische Angaben

Unschwierige Wanderung, etwa 1½ Tage; Übernachtung am besten in der Voisthalerhütte.
Eine Alternative (bei unsicherem Wetter) zu beschriebener Tour stellt der 1993 eröffnete »Jagdsteig Hans Leitner« am Ostrand des Hochschwab dar: Fölzgraben – Fölzsattel – Schönleitenhaus – Bürgeralm – Parkplatz Fölzalm. Zeit: 6 Stunden.
Zu bewältigende Steigung: etwa 1550 Meter.
Günstigste Jahreszeit: Mitte Juni bis Oktober.
Talorte: *Aflenz* (765 m), Kurort und Wintersportplatz an der Bundesstraße 20 zwischen Mariazell und Kapfenberg bzw. Bruck. Gasthöfe und Pensionen. Schwimmbad. Busverbindungen mit Mariazell, Bruck, Graz. *Sehenswürdigkeit:* Pfarrkirche St. Peter, Holzplastiken des 15. und 16. Jahrhunderts, Rokoko-Altäre; Karner mit gotischem Sterngewölbe. Spätgotisches (Nordflügel) bzw. barockes Propsteigebäude.
Thörl (662 m), Industrieort 4 Kilometer südlich von Aflenz an der Mündung des St. Ilgener Tales in die Bundesstraße 20. Gasthöfe und Pensionen. Busverbindung wie Aflenz. *Sehenswürdigkeiten:* Burgruine Schachenstein, Schloß Thörl.
Unterkünfte: *Alpengasthof Schwabenbartl* (804 m) am Ende des Fölzgrabens, 6,5 Kilometer von Aflenz. Lager.
Fölzalm (1472 m), private *Großerhütte*, 30 Betten, private *Herzerhütte*, 25 Lager. Vom Schwabenbartl 1¾ Stunden.
Voisthalerhütte (1660 m) in der Oberen Dullwitz. ÖAV-Sektion Alpine Gesellschaft Voisthaler. Betten und Lager, Winterraum offen. Kürzester Zugang: von Seewiesen 2½ Stunden, vom Schwabenbartl etwa 3 Stunden.
Schiestlhaus (2150 m), nordöstlich des Hochschwab. Österreichischer Touristenklub, Lager. Von der Voisthalerhütte etwa 1½ Stunden.
Fleischerhütte (2153 m), Biwakschachtel südwestlich unterhalb des Hochschwabgipfels. ÖAV-Sektion Alpine Gesellschaft Voisthaler. 8 Lager, offen. Vom Schiestlhaus ¾ Std.
Häuselalm (1528 m) am östlichen Rand der Sackwiesen. Privat, Betten und Lager. Vom Bodenbauer 1½ Stunden.
Gasthof Bodenbauer (877 m), am Ende des St. Ilgener Tales, 14 Kilometer von Thörl. Busverbindung an Schultagen.

Auf dem Ochsensteig beim Fölzsattel. Ausblick zur Oberen Dullwitz mit der langgestreckten Karlmauer. Im Hintergrund zeigt sich der Hochschwab.

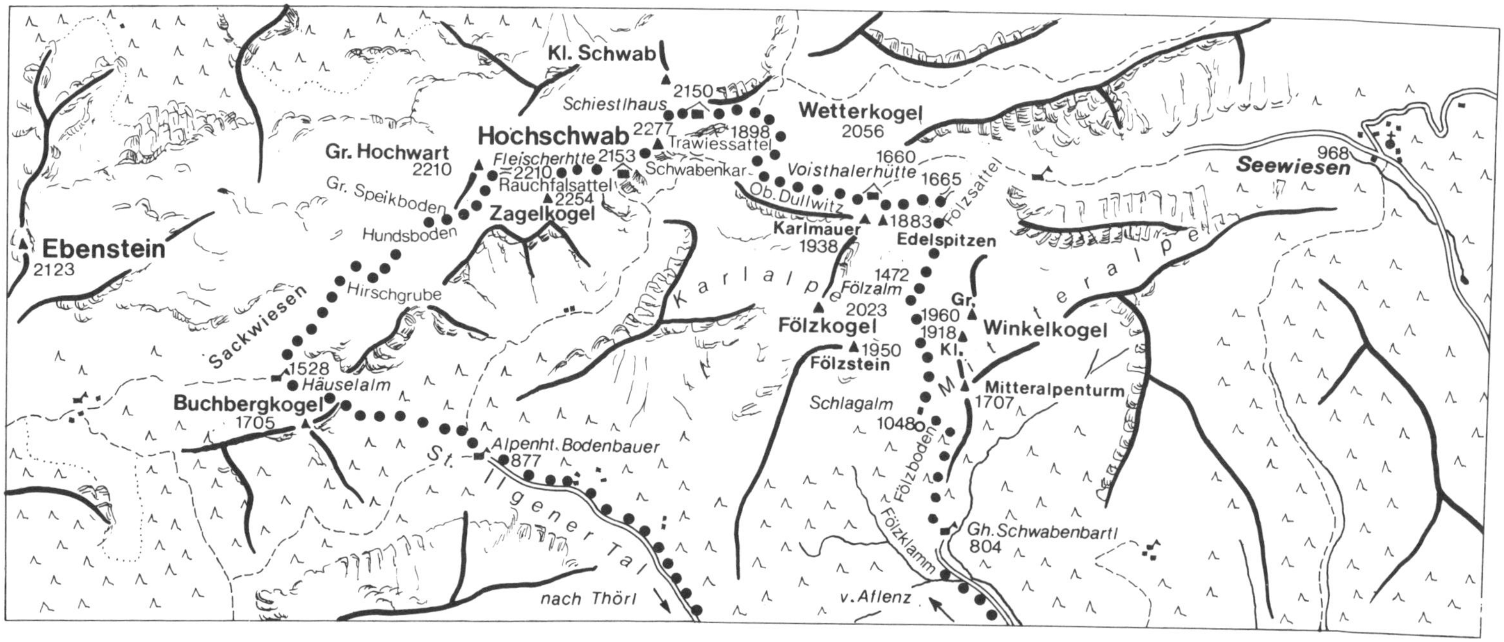

Ötscher

Tour 28

Der Göttervater über den Schluchten

Der wegen seiner ebenmäßigen Dreiecksform mitunter »Fudschijama von Niederösterreich« titulierte Ötscher ist ein Stück Hochgebirge im Voralpenland.

Seiner im wahrsten Sinn des Wortes herausragenden Lage verdankt der Ötscher einen überaus üppigen Sagenschatz, der sich um seinen felsigen Gipfel rankt. Sprachforscher wähnen die Wurzeln seines Namens in grauen Urzeiten, wo er möglicherweise als »Göttervater« verehrt worden ist. Später sollen Hexen, verlorene Seelen und die wilde Jagd nach dem Volksglauben da oben ihr Unwesen getrieben haben – verhaßte Personen verwünschte man durch die Jahrhunderte »auf den Ötscher«. Trotzdem mußte sich der Berg schon bald neugierige Touristen gefallen lassen: Bereits anno 1592 zog eine kaiserliche Expedition von Wien Richtung Ötscher los – allerdings ging es den blaublütigen Auftraggebern weniger um alpinistische Erfolge als vielmehr um die Goldschätze, die man in den verzweigten Höhlen vermutete. Bis heute fand sich dort zwar nichts, was den Namen »Geldloch« rechtfertigen würde, dafür aber Eisdome, Riesencanyons und eine der tiefsten Unterwelten der Ostalpen.

So ist wohl auch nicht verwunderlich, daß wir im Nahbereich des Legendenberges einen der berühmtesten Wallfahrtsorte der Alpen vorfinden.

Der Mönch Magnus aus dem steirischen Kloster St. Lambrecht, der am 21. Dezember 1157 in dieser Wildnis unterwegs war, um die Seelsorge für die ansässigen Hirten zu übernehmen, war wohl schon rechtschaffen müde, als ihm plötzlich ein Felsblock den Weiterweg versperrte. Da bereits der Abend zu dämmern begann und er noch immer keine Herberge und keinen Schutz vor den wilden Tieren gefunden hatte, wandte er sich betend an die Muttergottes um Hilfe. Da plötzlich spaltete sich der Stein und gab den Durchgang in ein Talbecken zwischen grünen Hügeln frei. Hier stellte er seine geliebte, selbstgeschnitzte Muttergottesstatue, die er mit sich führte, auf einen Baumstumpf und zimmerte eine hölzerne Kapelle darüber. Bald wurde das kleine Gotteshaus zum geistlichen Mittelpunkt der ganzen Gegend.

Der Ötscher beherrscht das Mariazeller Bergland. Im Bild ist rechts vom Gipfel der »Rauhe Kamm« zu erkennen – in der Tiefe verbirgt sich der Ötschergraben.

Die Muttergottesstatue aber, die heute noch auf diesem Baumstumpf steht und alle Kriegswirren und Brände unversehrt überstanden hat, diese Muttergottes wurde in der Zwischenzeit zur »Magna Mater Austriae«, zum meistbesuchten Wallfahrerziel Österreichs – und aus der bescheidenen Holzkapelle entstand die stattliche dreitürmige Basilika von Mariazell.

Einen eigenartigen, fast sagenhaften Zauber hat sich die Umgebung von Mariazell bis zum heutigen Tag bewahrt. Alle Zufahrtsstraßen überwinden landschaftlich romantische Pässe und Engtäler; und die legendäre, schmalspurige Mariazeller Bahn – ein Musterbeispiel angepaßter Bautechnik – gilt als eine der interessantesten Schienenstrecken der Alpen. Mittlerweile zählt das Mariazeller Bergland auch fest zum »Einzugsgebiet« der Wiener Ausflügler. Trotz zweier Seilbahnanlagen konnte sich das Gebiet jedoch eine weitgehende Ursprünglichkeit erhalten.

Im Norden von Mariazell finden wir neben dem Ötscher noch zwei beeindruckende Naturwunder: den blauen Erlaufsee und den tief ins Dolomitgestein eingeschnittenen Ötschergraben, der in die Tormäuerschlucht der Erlauf mündet. All dies läßt uns eine Zwei- bis Dreitagewanderung erleben, die in *Mitterbach*, vier Kilometer nördlich von Mariazell gelegen, beginnt. Den Aufstieg zum *Terzerhaus* auf der 1626 Meter hohen Gemeindealpe erleichtert uns ein Sessellift – aber auch der zwei Wanderstunden in Anspruch nehmende Pfad vom Erlaufsee herauf ist sehr lohnend.

Breit aufgebaut steht uns hier im Norden der Ötscher gegenüber, während aus der südlichen Talung der Spiegel des Erlaufsees heraufblinkt. Nach Westen zieht jedoch ein breiter, hügeliger Wald- und Weidenkamm, der den Weiterweg zum Ötscherhaus vermittelt. Genau oberhalb des Zellerrain-Passes (der die Verbindung vom Erlauf- ins Ybbstal markiert) erreichen wir beim *»Eisernen Herrgott«* eine bewirtschaftete Almhütte. Um die Breimauer herum spazieren wir zur *Feldwiesalm* hinüber, queren ein kleines Wiesenplateau und biegen nach Norden ab. Über einen Waldrücken gelangt man zu einer Forststraße hinunter, die beim *Mittereckkogel* (1349 m) wieder nach rechts verlassen wird. Durch die Ostflanke des Kleinen Ötschers kommen wir dem *Riffelsattel* immer näher; zuletzt steigen wir durch diese Einsattelung noch kurz zum *Ötscherhaus* (1418 m) auf.

Der 1893 Meter hohe *Ötscher* selbst ist von hier aus leicht auf einem Steig erreichbar. Suchen Sie sich für den Aufstieg nach Möglichkeit einen klaren Abend oder das Morgen-

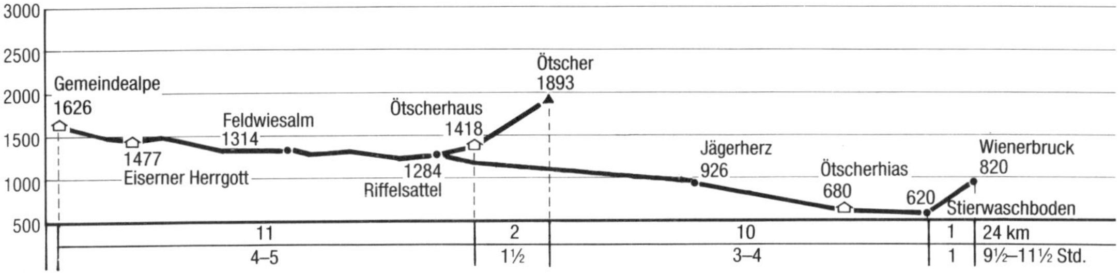

Unterwegs auf dem langen Weg von der Mitterbacher Gemeindealm zum Ötscher. Im Hintergrund erhebt sich das Dürrensteinmassiv.

grauen aus – ein Sonnenunter- oder -aufgang von dieser Warte aus ist schlicht ein großartiges Erlebnis!

Für den Rückweg nehmen wir wieder die Route via Ötscherhaus zum *Riffelsattel* unter die Wanderschuhe – der Abstieg vom Gipfel über den »Rauhen Kamm« nach Osten würde mit leichten Kletterpassagen aufwarten. Vom Sattel steigen wir nach Süden in den vorerst noch breiten Waldkessel der Ötschergräben ab. Die anschließende Durchquerung des bizarr ausgeformten, kilometerlangen Grabens ist auf jeden Fall ein würdiges Finale unserer Tour: Hunderte »Boding« (kleine Wassergumpen) und Katarakte hat sich der Ötscherbach in urdenklich langer Zeit ins Tal gegraben, schütter bewachsene Felswände schirmen den Blick nach oben ab. Mitten im wildesten Chaos lädt der »Ötscherhias« zur Rast ein. Hier lohnt sich ein genauer Blick nach unten: Der Bach stürzt dort durch eine natürliche Steinbrücke.

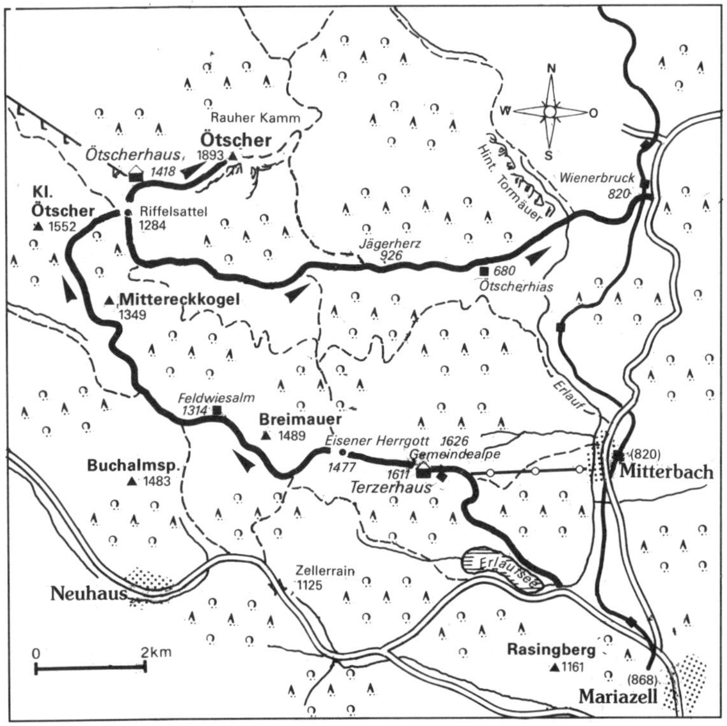

Hier müssen wir uns auch über den Weiterweg entscheiden: Rechts hinauf führt ein Steig zum Erlauf-Stausee und nach Mitterbach zurück; ich empfehle allerdings unbedingt, den immer wilder und tiefer werdenden Graben bis zu seiner Mündung hinaus zu verfolgen. Beim Kraftwerk *Stierwaschboden* überqueren wir die Erlauf und steigen am spärlich plätschernden Lassingfall vorbei nach *Wienerbruck* (820 m) hinauf. Dort wartet nun das allerletzte »Zuckerl« auf uns – die romantische Heimfahrt mit der Mariazeller Bahn!

Touristische Angaben

Zwei- bis dreitägige, im allgemeinen leichte Wanderung. Nur die Überschreitung des »Rauhen Kammes« und kurze Passagen im Ötschergraben erfordern Schwindelfreiheit und Trittsicherheit.

Gehzeiten: Gemeindealpe – Ötscherhaus 4–5 Stunden; Ötscher-Anstieg 1½ Stunden; Abstieg vom Ötscherhaus über den Riffelsattel und durch den Ötschergraben zum Stierwaschboden 3–4 Stunden; Aufstieg nach Wienerbruck 1 Stunde.

Zu bewältigende Steigung: Mit Liftbenützung etwa 800 Meter im Aufstieg und 1200 Meter im Abstieg (ohne Ötscher-Ersteigung 400 Meter weniger).

Günstigste Jahreszeit: Ende Mai bis Anfang November.

Talorte: *Mariazell* (868 m), bedeutender Wallfahrts- und Tourismusort, in einem Talbecken zwischen Salza und Erlauf gelegen. Breites Sommer- und Wintersportangebot. Sehenswert: Basilika mit 90 Meter hohem gotischen Mittelturm und zwei barocken Seitentürmen, Gnadenkapelle.
Mitterbach am Erlaufsee (820 m), Sommerfrische und Wintersportort am Fuß der Gemeindealpe.

Unterkünfte: *Terzerhaus* (1611 m), ÖAV Gebirgsverein (Wien), 16 Betten, 20 Lager, ganzjährig (außer November) bewirtschaftet; von Mitterbach 2½ Stunden.
Ötscherhaus (1418 m), ÖTK, 83 Betten, 60 Lager, ganzjährig bewirtschaftet. Sessellift von Lackenhof, Skigebiet; von Lackenhof 2 Stunden.

Karte: Freytag & Berndt-Wanderkarte 1:50 000, Blatt 031: Ötscherland, Mariazell, Scheibbs, Lunzer See.

Wiener Schneeberg

Tour 29

Anfang oder Ende der Alpen

Es ist schon irgendwie ein seltsames Gefühl, hier auf dem östlichsten Zweitausender der Alpen zu stehen: Gegenüber im Norden, das ist die Hohe Wand, eines der »klassischen« Wander- und Kletter(garten)reviere am Rand des Wienerwaldes; weiter nach Westen wogen die bewaldeten niederösterreichischen Voralpen bis hinüber zum Ötscher, zum Hochschwab und zu den Gesäusebergen; gleich nebenan krönt die Hochfläche der Rax ihre bleichen Wandabstürze. Und bei ganz klarem Wetter ist irgendwo weit draußen sogar der Neusiedler See zu sehen, bevor sich die Ebene im pannonischen Dunst verliert...

Der Wiener Schneeberg ist das erste »echte« Hochgebirge der Alpen – oder das letzte, je nach Betrachtungsweise. Auch botanisch gesehen schließt hier die alpine Flora zur pannonischen Blütenpracht auf. Jedenfalls ist der felsige Gesell ein beliebtes Ausflugsziel, ein Wander-, Kletter- und Skidorado ersten Ranges. Die Phantasie seiner Anrainer hat er seit jeher beflügelt – vor allem für das biedermeierliche Wien war er lange Zeit das, was heute Antarktisdurchquerungen oder Achttausendertouren im Himalaya sind: »Lustreisen«, wie sie Professor Josef August Schultes um 1800 per pedes »nach dem Schneeberge« unternommen hat, waren halbe Weltreisen voller Abenteur und Tücken – vom Überwinden der Stadtgrenzen bis zu den Begegnungen mit den rauhen Naturgewalten.

»Da steht er, der Schneeberg, der mächtige Greis, von Gemsen in Angst nur erklettert«, dichtete weiland auch Franz Grillparzer – mit einer gehörigen Prise dichterischer Freiheit, denn so ein Ungetüm ist das Massiv trotz seiner Felsbastionen auch wieder nicht. Allerdings tobt über seine Gipfelkappe mitunter ein derartiger Höhensturm, daß einmal sogar eine Garnitur der altehrwürdigen Zahnradbahn umgeblasen wurde.

Ja, die Schneebergbahn! Seit dem 25. September 1897 dampfen ihre Lokomotiven bis heute brav die 1218 Höhenmeter von Puchberg bis zum Hotel Hochschneeberg hinauf – im Sommer und, wenn's geht, auch im Winter. 500 Kilogramm Kohle verschlingen sie dabei, und gut vier Kubikmeter Wasser, das zum Nachtanken in einem eigenen Waggon zur Mittelstation »*Baumgartner*« mitgeführt werden muß.

Der Turmstein gleich über der Kienthaler Hütte vermittelt eine rassige Ferrata-Einlage auf unserem Schneeberg-Höhenweg.

An dieser Stelle beginnt auch unsere Schneebergwanderung, die zunächst gar nicht auf, sondern um den Gipfel herum führt: Der Anfang des 18. Jahrhunderts angelegte und um 1890 von alpinen Vereinen wieder instand gesetzte »*Grafensteig*« umrundet den ganzen Schneeberg in 1200 bis 1400 Metern Höhe und zählt sicher zu den schönsten Höhenwegen der Kalkalpen. Wir folgen ihm zunächst nach Norden Richtung *Sparbacher-* und *Edelweißhütte*.

4–5 Stunden wandern wir in stetigem Auf und Ab zwischen der Waldgrenze und den Ausläufern des Schneidergrabens, der Krummen, der Breiten und der Lahning Ries dahin und genießen dabei interessante Einblicke in die Parade-Skiabfahrten vom Schneeberg.

Bei den genannten Schutzhütten, die von Losenheim auch per Sessellift erreicht werden können, schwenkt der Grafensteig nach Westen bzw. Süden hinüber. Wir halten uns jedoch links und erklimmen über den steilen, felsigen und teilweise gesicherten »*Fadensteig*« den obersten Gipfelhang, der zum 2061 Meter hohen *Kaiserstein* hinaufleitet. »Franz der Erste in den Herzen seiner Unterthanen erstieg diese Höhen am 10. August 1805 und am 30. Juni 1807«, erinnerte hier eine Tafel an den »Taufpaten« des zweithöchsten Schneeberggipfels. Heute steht wenige Minuten unterhalb die 1885 erbaute *Fischerhütte*, Niederösterreichs höchstgelegenes Schutzhaus. Wenn die Massen der Ausflügler mit dem letzten Zug von der nahen Bergstation wieder ins Tal entschwunden sind, gehört der Bergabend wieder den beschaulichen Gemütern allein.

Zehn Gehminuten von der Fischerhütte entfernt schwingt sich der Graszipfel des *Klosterwappens* empor. Leider ziert ihn heute nicht mehr der alte Wappenstein des Klosters Neuberg an der Mürz, sondern eine abgrundhäßliche Radarstation des Bundesheeres. Doch die Aussicht nach Norden über die grüne Hochfläche des »Kuhschneebergs«, und vor allem nach Süden in die Wände der Rax – die ist gleich schön geblieben!

Und diese Aussicht wird auf seltsame Weise noch eindrucksvoller, wenn wir nach Westen zur *Kienthaler Hütte* absteigen. Dort können wir uns am kleinen, aber zünftigen Klettersteig des nur 36 Meter höheren *Turmsteins* versuchen. Dort begegnen wir aber auch dem Grafensteig wieder, der uns in der Folge durch die fremdartig schöne Schneeberg-Südflanke wieder zur Zahnradbahn hinüberleitet. Schwarzföhren wachsen noch im Bereich der Baum-

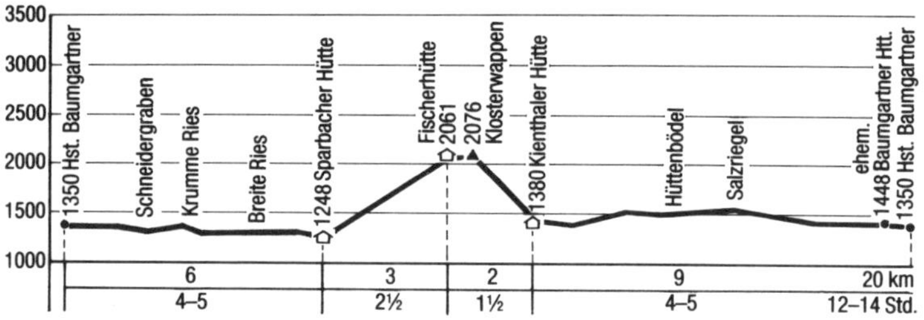

grenze und in den Felsflanken, deren Begehung da und dort Trittsicherheit erfordert. Wer leise ist, entdeckt in den steilen und blumenreichen Grasmatten mitunter Rudel von 50 bis 100 Gemsen!

Tief unter unserem Weg ist das wildromantische *Höllental* zwischen Schneeberg und Rax eingeschnitten. Wenn wir auf den Südlichen Grafensteig verzichten und einen längeren Bus- oder Autostop-Umweg in Kauf nehmen, können wir von der Kienthaler Hütte auch dorthin absteigen – und zwar auf dem vielleicht originellsten Schneeberg-Steig, durch die meist fast trockene *Weichtalklamm*. Nicht weniger als acht Engstellen müssen auf abenteuerliche Weise über rutschige Steilstufen, unter Klemmblöcken, durch kleine Wasserfälle und mit Hilfe rostiger Ketten und morscher Steigbäume überwunden werden, bis man das Weichtalhaus erreicht.

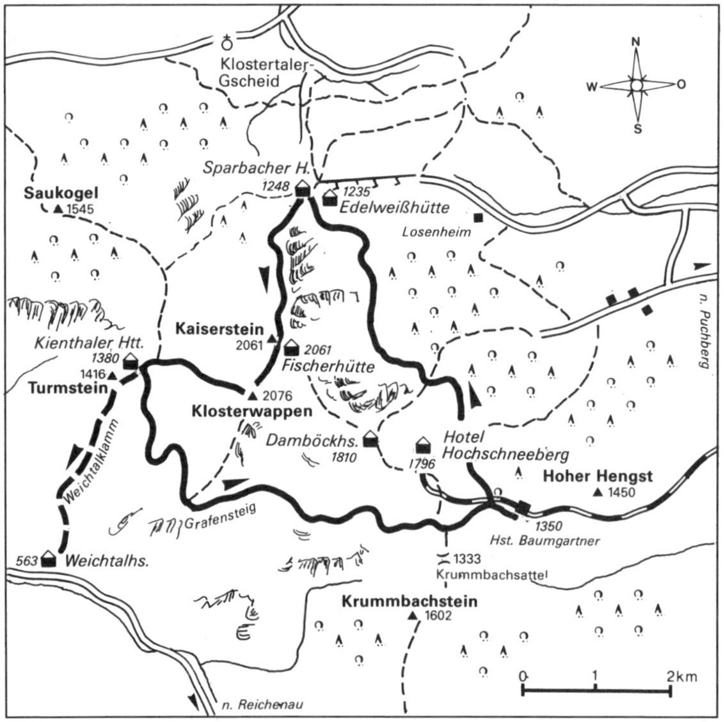

Touristische Angaben

Zwei- bis Dreitagewanderung in allgemein nicht schwierigem, aber an einigen Stellen etwas ausgesetztem Gelände. Der Fadensteig ist teilweise gesichert. Dieser Abschnitt und der südliche Grafensteig sind bei Neuschnee und Vereisung gefährlich! Der Abstieg durch die Weichtalklamm empfiehlt sich nur für Geübte!

Gehzeiten: Station Baumgartner – Sparbacherhütte 4–5 Stunden; Aufstieg zur Fischerhütte 2½ Stunden; bis zur Station Baumgartner 4–5 Stunden; oder Abstieg durch die Weichtalklamm 2 Stunden.

Zu bewältigende Steigung: 1000 Meter im Aufstieg, 800 Meter im Abstieg (mit Weichtalklamm zusätzlich 800 Meter).

Günstigste Jahreszeit: Juni (stellenweise noch harte Schneefelder in den Karen der Nordseite!) bis Anfang November.

Talorte: *Puchberg am Schneeberg* (585 m), beliebter Erholungsort in einem sonnigen Becken am Fuß des Schneebergs, Sommer- und Wintersportmöglichkeiten. Sehenswert: Pfarrkirche von 1526, Burgruine Puchberg, Burgruine Losenheim, Losenheimer Wasserfall, Burg Sixtenstein.
Reichenau an der Rax (484 m), Kurort am Eingang des Höllentals. Sehenswert: Holzriese in der Eng, Museumsbahn.

Unterkünfte: *Hotel Hochschneeberg* (1796 m), bei der Bergstation der Zahnradbahn, ÖBB, 100 Betten, 50 Lager, ganzjährig bewirtschaftet; von Puchberg 4 Stunden.
Fischerhütte (2061 m), ÖTK, 8 Betten, 44 Lager, im Sommer durchgehend und im Winter an Wochenenden bewirtschaftet; von der Bahnstation Hochschneeberg 1½ Stunden.
Sparbacherhütte (1248 m), Alpine Gesellschaft Sparbacher, 25 Betten, 80 Lager, ganzjährig bewirtschaftet; von Losenheim 1 Stunde.
Edelweißhütte (1235 m), ÖAV Edelweiß (Wien), 13 Betten, 40 Lager, ganzjährig bewirtschaftet, liegt in der Nähe der Sparbacherhütte.
Kienthaler Hütte (1380 m), ÖTK, 7 Betten, 30 Lager, von Ostern bis Allerheiligen an Wochenenden beaufsichtigt; vom Weichtalhaus 3 Stunden.
Damböckhaus (1810 m), ÖTK, 60 Betten, 40 Lager, von März bis Ende Oktober durchgehend, im Winter meist an Wochenenden bewirtschaftet; von der Station Hochschneeberg ½ Stunde.

Der Schneeberg über dem Tal von Puchberg, gesehen von der Hohen Wand. In der Bildmitte sind das Klosterwappen und der Kaiserstein zu sehen.

Raxalpe

Tour 30

Über die Höhen der Rax

Die Raxalpe ist ein Ausflugsdorado für die Wiener Großstädter, hauptsächlich an Wochenenden und über Feiertage. Auf der »Rax« erhielt der extreme Wiener Alpinismus starke Impulse.

Wenn Sie die Raxalpe auf der Karte suchen, müssen Sie bis an den östlichsten Rand des Alpenkammes gehen, wo Niederösterreich und die Steiermark aneinandergrenzen. Die Südseite des Gebirges ist zugleich der Südrand der Nördlichen Kalkalpen. Berühmte Nachbarn sind im Südosten der Semmering, im Westen die Schneealpe und im Nordosten jenseits des Höllentales der Schneeberg; Wien liegt ungefähr 60 Kilometer nordöstlich.

Die mit sanftgeneigten Kuppen besetzte Hochfläche der »Rax« nimmt die Form eines abgerundeten Dreiecks ein.

An ihren Rändern ist die Gruppe mit breitgelagerten, steilen Felsabstürzen bewehrt. Dazwischen sind tiefe Gräben und Schluchten eingerissen, die der »Rax« ihren unverkennbaren Reiz geben.

Bei Raxwanderungen handelt es sich keinesfalls um simple Spaziergänge, wie man vielleicht auf Grund der niedrigen Gipfelhöhen annehmen könnte. Zwar ist das ganze Plateau spinnwebenartig mit Wegen überzogen, doch bei starkem Nebel oder anderen widrigen Sichtverhältnissen kann es Orientierungsschwierigkeiten geben, weil keine markanten Anhaltspunkte vorhanden sind. Und wenn dann noch ein eisiger Ostwind über die Höhe fegt, ist selbst auf der »Rax« das Wandern kein »Zuckerlecken« mehr.

Zum *Otto-Schutzhaus* führen viele Wege. Am kürzesten ist der von der Seilbahn-Bergstation. Mehr Abwechslung, das heißt überraschende Tiefblicke ins Reichenauertal, bietet der südseitige Törlweg, der aber an heißen Tagen zur Qual wird. Der zweifellos eindrucksvollste Hüttenweg verläuft über den Wachthüttelkamm und läßt uns die schaurige Wildheit des Großen Höllentales erleben. Dieser Teil der »Rax« gehört zu den schönsten Alpenbildern.

Die eigentliche Höhenwanderung führt zunächst zum Gipfelkreuz des *Jakobskogels* (1737 m). Es folgen *Hohe Kanzel* (1699 m) und *Preinerwand* (1733 m), von der man die Blechmauern gut einsehen und gelegentlich auch Kletterer bestaunen kann. Etwa 200 Meter danach steht am Weg das eiserne *Schröckenfuxkreuz*; und kurz darauf leitet ein Abstecher links zur »Eishöhle« im Hangwald.

Von der *Höllentaler Holzknecht-Hütte* werfen wir einen letzten Blick in die plattige Preinerwand und machen uns an den halbstündigen Aufstieg in den breiten *Trinksteinsattel*, wo die *Raxgmoahütte* bei Wetterstürzen willkommenen Schutz gewährt. Die Hilfe des Bergrettungsdienstes, der in der angebauten Hans-Nemecek-Hütte einen Stützpunkt hat, müssen wir hoffentlich nicht in Anspruch nehmen! – Hier sind wir im mittleren und ausgedehntesten Teil der Raxalpe mit einer verhältnismäßig großen Durchschnittshöhe; höchster Punkt ist der Dreimarkstein (1946 m). In seinen Westhängen wandern wir gemütlich nordwestwärts und gelangen über das Haberfeld, einen ebenen Boden, zur »Akropolis der Rax«, wie das stattliche *Habsburgerhaus* auf dem Grieskogel genannt wird. Südwestwärts die düsteren Kahlmäuer, wo schon so mancher erfolgreiche Wiener Alpinist seine ersten Schritte im Fels unternommen hat. In der Hütte trifft man mit anderen Wanderern zusammen. Ein Teil davon kommt über den »Kaisersteig«, einen der lohnendsten Wege der Raxalpe, zur Hütte. Als Abstieg wird dann meist das Kleine oder Große Gries benutzt.

Im Süden lockt unser nächstes Ziel, das *Hans-Ludwig-Haus* unweit des malerischen Raxkirchleins. Von der Hütte sind es dann nur noch 40 Minuten zum höchsten Raxgipfel, der *Heukuppe* (2007 m) mit herrlicher Aussicht, vor allem über das Tal von Altenberg nach Westen zur Schneealpe, wo auf dem Schauerkogel das Schneealpenhaus und etwas rechts davon, im Hintergrund, der Windberg gut zu erkennen sind. Auf der Heukuppe befinden wir uns im westlichsten und höchsten Teil der Raxalpe, der im Nordosten bis zum Bärengraben reicht.

Bei diesigem Wetter lohnt es sich erst gar nicht, die Heukuppe zu ersteigen. Wer von der Karl-Ludwig-Hütte zum Gamseck will, kann die Kuppe in ihrer Nordostseite auf Steigspuren umgehen. Ab dem *Gamseck* bieten sich verschiedene Wege an. Zum Beispiel die genußvolle Höhenwanderung in 20 Minuten zu den Hütten der Grasbodenalm

Den unverkennbaren Reiz der »Rax«, tiefe Gräben und Schluchten, kann man bei der Wanderung über den Wachthüttelkamm erleben, die im Großen Höllental (unser Bild) ihren landschaftlichen Höhepunkt erreicht.

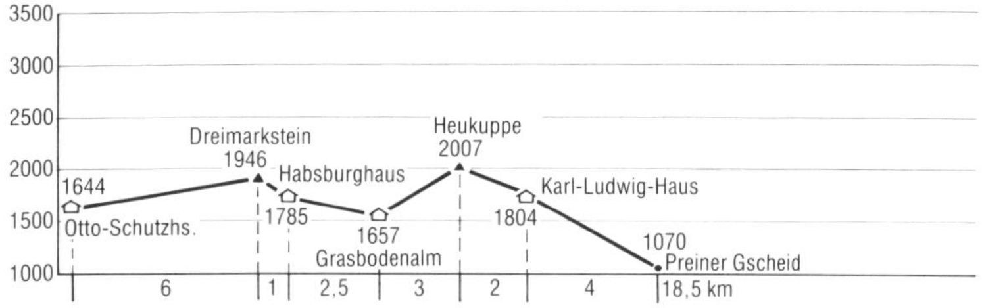

mit Fortsetzung der Tour zum Habsburghaus. Einen empfehlenswerten Abstieg ins Tal vermittelt der *Gamsecksteig*. Auf ihm werden Zimmermann- und Gamseckhütte berührt und der Naßkamm gekreuzt bzw. überschritten. Endziel ist das Binderwirtshaus im hinteren Reißbachtal.

Für einen südseitigen Abstieg von der Karl-Ludwig-Hütte, vom Rand der Hochfläche, bietet sich der *Schlangenweg* über das Waxriegelhaus im Siebenbrunnenkessel zum Preiner Gscheid an, von wo Postbusse nach Prien, Endlach und Hirschwang verkehren.

Touristische Angaben

Tageswanderung. Unschwierige Wege. Auf dem Plateau betragen die zu bewältigenden Höhenunterschiede jeweils nur 100 bis 200 Meter.

Günstigste Jahreszeit: Mai bis Oktober.

Talorte: *Hirschwang* (508 m), Sommerfrische und Wintersportort am südlichen Ausgang des Höllentales, 6 Kilometer von Reichenau-Payerbach. Bahnhof, gute Busverbindungen. Nördlich des Ortes befindet sich die Talstation der Raxalpe-Seilbahn. Gasthöfe, Pensionen.

Hinternaßwald (711 m), kleiner Ort im Tal des Naßbaches. Postbus-Verbindung an Wochenenden und Feiertagen. Gasthof.

Unterkünfte: *Erzherzog-Otto-Schutzhaus* (1644 m), Österreichischer Alpenverein, östlich des Jakobskogel. Betten und Lager. Von der Bergstation der Raxalpe-Seilbahn ½ Stunde, von Knappenhof (Bus von Edlach) über den Törlweg 2 Stunden, durch das Höllental 3½ Stunden.

Höllentaler Holzknecht-Hütte (1645 m), Österreichischer Alpenverein, nordwestlich des Preinerwandgipfels. Übernachtung nur in Notfällen.

Habsburghaus (1785 m), Österreichischer Alpenverein, auf dem Grieskogel. Betten und Lager. Bei der Hütte erinnert ein Gedenkstein an den Rax-Führer Daniel Inthaler, der in den letzten Jahrzehnten des 19. Jahrhunderts auf der Raxalpe die dominierende Erschließerfigur war. Vom Otto-Schutzhaus etwa 2, von Hinternaßwald etwa 3½ Stunden.

Eckbauerhütte (1800 m), Österreichischer Alpenverein, auf der Taupentalalm zwischen Habsburghaus und Karl-Ludwig-Haus. Selbstversorgerhütte, Lager.

Karl-Ludwig-Haus (1804 m), Österreichischer Touristenklub, östlich der Heukuppe am Plateaurand. Betten und Lager. Vom Habsburghaus etwa 1¼ Stunden, vom Otto-Schutzhaus etwa 2¼ Stunden, vom Preiner Gscheid auf dem Schlangenweg 2 Stunden.

Gamseckerhütte (1330 m), Alpine Gesellschaft »Gamsecker«, am Gamsecksteig. Selbstversorger. Die danebenstehende Zimmermannshütte ist eine Unterstandshütte. Vom Karl-Ludwig-Haus etwa 2½ Stunden, von Hinternaßwald 2¼ Std.

Waxriegelhaus (1361 m), Naturfreunde, im Siebenbrunnenkessel. Betten und Lager. Vom Preiner Gscheid etwa 1 Stunde.

Weichtalhaus (563 m), Naturfreunde, im Höllental unweit der Talstraße, 12 Kilometer von Hirschwang. Bus-Haltestelle. Betten und Lager. Guter Ausgangspunkt für das Große Höllental (Wachthüttelkamm).

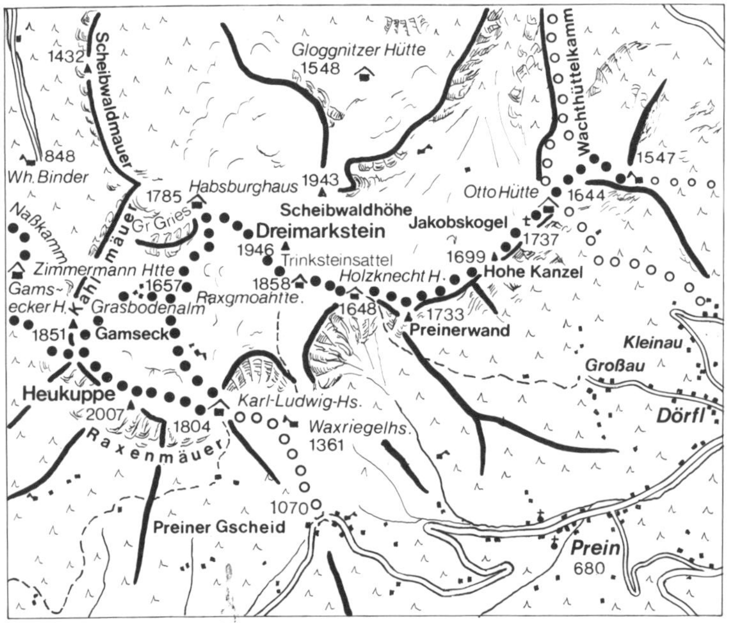

Anhang

Karten-, Führer- und Literaturverzeichnis zu den Wanderungen

Tour 1 Rätikon
Karte: Kompass Wanderkarte 1:50000, Blatt 32.
Führer: Günther Flaig, Alpenvereinsführer Rätikon. Bergverlag Rother, München.
Literatur: Walther Flaig, Das Rätikongebirge. In: Jahrbuch des Österreichischen und Deutschen Alpenvereins 1959 und 1960.

Tour 2 Silvretta
Karte: Freytag & Berndt Wanderkarte 1:50000, Blatt 373.
Führer: Günther Flaig, Alpenvereinsführer Silvretta. Bergverlag Rother, München.
Literatur: Dieter Seibert, Silvretta und Samnaun. Rosenheimer Verlagshaus, Rosenheim.

Tour 3 Verwall
Karte: Freytag & Berndt Wanderkarte 1:50000, Blatt 372.
Führer: Luzian, Alpenvereinsführer Verwallgruppe. Bergverlag Rother, München.
Literatur: Hannes Gasser, Erlebnis Paznauntal. Leopold-Stocker-Verlag, Graz.

Tour 4 Lechtaler Alpen
Karte: Freytag & Berndt Wanderkarte 1:50000, Blatt 372.
Führer: Heinz Groth, Alpenvereinsführer Lechtaler Alpen. Bergverlag Rother, München.
Literatur: Dieter Seibert, Lechtaler Alpen. Rosenheimer Verlagshaus, Rosenheim.

Tour 5 Tannheimer Berge
Karte: Kompass Wanderkarte 1:50000, Blatt 4.
Führer: Marcus Lutz, Alpenvereinsführer Tannheimer Berge. Bergverlag Rother, München.
Literatur: Helmut Dumler, Gipfelziele in den Allgäuer Alpen. Bruckmann Verlag, München.

Tour 6 Ötztaler Alpen
Karte: Alpenvereinskarte 1:50000, Blatt Kaunergrat – Geigenkamm.
Führer: Heinrich und Walter Klier, Alpenvereinsführer Ötztaler Alpen. Bergverlag Rother, München.
Literatur: Hannes Gasser, Erlebnis Ötztal. Leopold-Stocker-Verlag, Graz.

Tour 7 Mieminger Berge
Karte: Kompass Wanderkarte 1:50000, Blatt 25.
Führer: Helmut Pfanzelt, Gebietsführer Wetterstein mit Mieminger Kette, Bergverlag Rother, München.
Literatur: Unterrichter/Ampferer/Beyrer, Die Miemingerkette. In: Zeitschrift des Deutschen und Österreichischen Alpenvereins 1902 und 1903.

Tour 8 Kalkkögel
Karte: Kompass Wanderkarte 1:50000, Blatt 36.
Führer: Walter Klier, Alpenvereinsführer Stubaier Alpen. Bergverlag Rother, München.
Literatur: Hannes Gasser, Erlebnis Stubaital. Leopold-Stocker-Verlag, Graz.

Tour 9 Stubaier Alpen
Karte: Freytag & Berndt Wanderkarte 1:50000, Blatt 241.
Führer: Walter Klier, Alpenvereinsführer Stubaier Alpen. Bergverlag Rother, München.
Literatur: Hannes Gasser, Erlebnis Stubaital. Leopold-Stocker-Verlag, Graz.

Tour 10 Karwendel
Karte: Kompass Wanderkarte 1:50000, Blatt 26.
Führer: Klier/März, Alpenvereinsführer Karwendel. Bergverlag Rother, München.
Literatur: Heinz Zak, Karwendel. J. Berg Verlag, München.

Tour 11 Zillertaler Alpen
Karte: Alpenvereinskarte 1:25000 Zillertaler Alpen, Blätter 35/1 und 35/2.
Führer: Walter Klier, Gebietsführer Zillertaler Alpen. Bergverlag Rother, München.
Literatur: Birgit und Harald Antes, Zillertaler Alpen. Rosenheimer Verlagshaus, Rosenheim.

Tour 12 Alpbachtal
Karte: Kompass Wanderkarte 1:50000, Blatt 27 oder 28.
Führer: Josef Saxer, Wandern im Alpbachtal. Alpbachtaler Fremdenverkehrsgemeinschaft, Reith.

Tour 13 Rofan
Karte: Kompass Wanderkarte 1:50000, Blatt 27.
Führer: Röder/Schmid/v. Warden, Alpenvereinsführer Rofangebirge. Bergverlag Rother, München.
Literatur: Rofan. In: Zeitschrift »Alpinismus«, Heft 4/1967.

Tour 14 Wilder Kaiser
Karte: Freytag & Berndt Wanderkarte 1:50000, Blatt 301.
Führer: Schubert/Zeis, Alpenvereinsführer Kaisergebirge. Bergverlag Rother, München.
Literatur: Horst Höfler, Kaisergebirge. Rosenheimer Verlagshaus, Rosenheim.

Tour 15 Venedigergruppe
Karte: Freytag & Berndt Wanderkarte 1:50000, Blatt 123.
Führer: Walter Mair, Auswahlführer Hohe Tauern Südseite. Bergverlag Rother, München.

Tour 16 Lienzer Dolomiten
Karte: Freytag & Berndt Wanderkarte 1:50000, Blatt 182.
Führer: Helmut Dumler, Rother Wanderführer Osttirol. Bergverlag Rother, München.
Literatur: Alfred von Radio-Radiis, Die Lienzer Dolomiten. In: Zeitschrift des Deutschen und Österreichischen Alpenvereins 1899.

Tour 17 Ankogelgruppe
Karte: Freytag & Berndt Wanderkarte 1:50000, Blatt 191.
Führer: Buchenauer/Holl, Alpenvereinsführer Ankogel- und Goldberggruppe. Bergverlag Rother, München.

Tour 18 Berchtesgadener Alpen
Karte: Kompass Wanderkarte 1:50000, Blatt 15.
Führer: Zeller/Schöner, Alpenvereinsführer Berchtesgadener Alpen. Bergverlag Rother, München.

Tour 19 Salzkammergutberge
Karte: Freytag & Berndt Wanderkarte 1:50000, Blatt 392.
Führer: Wolfgang Heitzmann, Bergwandern mit Kindern im Salzkammergut. Bruckmann Verlag, München.
Literatur: Gertrude Reinisch, Erlebnis Salzkammergut. Styria Verlag, Graz.

Tour 20 Dachsteingebirge
Karte: Freytag & Berndt Wanderkarte 1:50000, Blatt 281.
Führer: Willi End, Gebietsführer Dachsteingebirge. Bergverlag Rother, München.
Literatur: Rudolf Lehr, Dachstein. Abenteuer in Vergangenheit und Gegenwart. Oberösterreichischer Landesverlag, Linz.

Tour 21 Totes Gebirge
Karte: AV-Karte 1:25000, Blatt 15/2.
Führer: Gernot und Gisbert Rabeder, Alpenvereinsführer Totes Gebirge, Bergverlag Rother, München.
Literatur: Gerhart Prell, Totes Gebirge. Ennsthaler Verlag, Steyr.

Tour 22 Schladminger Tauern
Karte: Alpenvereinskarte 1:25000 Niedere Tauern, Blatt 61.
Führer: Peter Holl, Alpenvereinsführer Niedere Tauern. Bergverlag Rother, München.
Literatur: Senft/Katschner, Erlebnis Dachstein – Tauern. Leopold-Stocker-Verlag, Graz.

Tour 23 Karawanken
Karte: Freytag & Berndt Wanderkarte 1:50000, Blatt 223.
Führer: Hans M. Tuschar, Alpenvereinsführer Karawanken. Bergverlag Rother, München.
Literatur: Festschrift 100 Jahre Sektion Klagenfurt.

Tour 24 Lavanttal
Karte: Freytag & Berndt Wanderkarte 1:100000, Blatt 41.
Führer: Benno Schober, Wanderführer Lavanttaler Höhenweg. ÖAV-Sektion Wolfsberg, St. Jakob.

Tour 25 Rottenmanner Tauern
Karte: Österreichische Karte 1:50000 bzw. 1:25000, Blatt 130.
Führer: Peter Holl, Alpenvereinsführer Niedere Tauern. Bergverlag Rother, München.
Literatur: Liselotte Buchenauer, Höhenwege in den Niederen Tauern. Bruckmann Verlag, München.

Tour 26 Gesäuse
Karte: Alpenvereinskarte 1:25000, Blatt Ennstaler Alpen – Gesäuse.
Führer: Willi End, Alpenvereinsführer Gesäuse. Bergverlag Rother, München.
Literatur: Hans Schwanda, Das Gesäuse. Bergverlag Rother, München.

Tour 27 Hochschwabgruppe
Karte: Kompass Wanderkarte 1:35000, Blatt 212.
Führer: Auferbauer, Alpenvereinsführer Hochschwab. Bergverlag Rother, München.
Literatur: Liselotte Buchenauer, Hochschwab. Leykam-Verlag, Graz.

Tour 28 Ötscher
Karte: Freytag & Berndt Wanderkarte 1:50000, Blatt 31.
Führer: Bernhard Baumgartner/Werner Tippelt, Ötscherführer. Verlag NÖ. Pressehaus, St. Pölten.
Literatur: Karl Lukan, Das Voralpenbuch. Verlag Jugend und Volk, Wien.

Tour 29 Wiener Schneeberg
Karte: Freytag & Berndt Wanderkarte 1:50000, Blatt 22.
Führer und Literatur: Adolf Mokrejs, Das neue Buch der Wiener Hausberge. Verlag Kremayr und Scheriau, Wien.

Tour 30 Raxalpe
Karte: Freytag & Berndt Wanderkarte 1:50000, Blatt 022.
Führer: Fritz Benesch, Führer auf die Raxalpe. Artaria-Verlag, Wien 1922.
Literatur: Karl Lukan, Die Rax – Berg am Ostrand der Alpen. In: Jahrbuch des Deutschen Alpenvereins 1958.

Bildnachweis

S. 9: Willi End, Baden bei Wien;
S. 10, 13: Lisa Schellenberg-Gensetter, Davos;
S. 14: Foto-Verlag Risch-Lau & Gebr. Metz GmbH, Salzburg;
S. 17: Helmut Häusle, Schwarzach/Vorarlberg;
S. 18: Rolf Lindel, Heidenheim;
S. 21: Adolf Mokrejs, Wien;
S. 22: Paul Werner, München;
S. 25: Ernst Höhne, Unterschleißheim;
S. 26: Fritz Heimhuber, Sonthofen;
S. 29: Helmut Dumler, Augsburg;
S. 30: Ernst Höhne, Unterschleißheim;
S. 33: Löbl-Schreyer, Bad Tölz-Ellbach;
S. 34: Hans Wunderle, München;
S. 37: Löbl-Schreyer, Bad Tölz-Ellbach;
S. 38: Georg Zwerger, München;
S. 41: Löbl-Schreyer, Bad Tölz-Ellbach;
S. 42: Max Heldwein, München;
S. 45: Alfons Meier, Augsburg;
S. 46: Wilfried Bahnmüller, Gelting;
S. 49, 50: Löbl-Schreyer, Bad Tölz-Ellbach;
S. 53: Friedrich Stettmayr, Augsburg;
S. 54: Wilfried Bahnmüller, Gelting;
S. 57: Löbl-Schreyer, Bad Tölz-Ellbach;
S. 58: Fritz Ziegast, München;
S. 61: Löbl-Schreyer, Bad Tölz-Ellbach;
S. 62 (oben und unten): Helmut Kremling, München;
S. 65: Wolfgang Rauschel, Nidda;
S. 66: Georg Zwerger, München;
S. 69: Ernst Höhne, Unterschleißheim;
S. 70: Willi End, Baden bei Wien;
S. 73: Löbl-Schreyer, Bad Tölz-Ellbach;
S. 74: Georg Zwerger, München;
S. 77: Willi End, Baden bei Wien;
S. 78: Max Heldwein, München;
S. 81: Löbl-Schreyer, Bad Tölz-Ellbach;
S. 82, 85: Wolfgang Heitzmann, Steyr;
S. 86: Agentur Helga Lade, Frankfurt/M. (Kurt Röhrig);
S. 89: Willi End, Baden bei Wien;
S. 90, 93, 94: Wolfgang Heitzmann, Steyr;
S. 97: Gottfried Achberger, Friedrichshafen;
S. 98: Willi End, Baden bei Wien;
S. 101: Gerd Bürger/Wilhelm Nußstein, München;
S. 102: Foto Albrecht, Wolfsberg/Kärnten;
S. 105: Bildarchiv Huber, Garmisch-Partenkirchen;
S. 106, 109: Wolfgang Heitzmann, Steyr;
S. 110: Löbl-Schreyer, Bad Tölz-Ellbach;
S. 113: Hans Wagner, Graz;
S. 114: Rudolf Lindner, Sankt Ilgen/Hochschwab;
S. 117: Günter Auferbauer, Graz;
S. 118: Löbl-Schreyer, Bad Tölz-Ellbach;
S. 121, 122: Wolfgang Heitzmann, Steyr;
S. 125: Willi End, Baden bei Wien;
S. 126: Adolf Mokrejs, Wien.
Umschlag-Vorderseite und -Rückseite:
Ernst Höhne, Unterschleißheim.

Die Kartenskizzen zu den Touren zeichnete Wolfgang Bayer, Röhrmoos. Die Höhenprofile wurden im Verlag angefertigt.